Un Mundo de Plantas

Ilustraciones de
Juanita Londoño-Gaviria

susaeta

Título original: *The World of Plants*
Autores: Dr. Michael Leach y Dr. Meriel Lland
Ilustraciones: Juanita Londoño-Gaviria
Edición española: Ana Delgado
Traducción: Isabel Díaz

© Arcturus Holdings Limited
Todos los derechos reservados

© SUSAETA EDICIONES S.A.
C/ Campezo, 13 - 28022 Madrid
Tel.: 91 3009100
D.L.: M-13993-2029

Cualquier forma de reproducción, distribución, comunicación pública o transformación de esta obra solo puede ser realizada con la autorización de sus titulares, salvo excepción prevista por la ley. Diríjase a CEDRO (Centro Español de Derechos Reprográficos) si necesita fotocopiar o escanear algún fragmento de esta obra (www.conlicencia.com; 91 702 19 70 / 93 272 04 47).

Cualquier error u omisión, consultas al autor
o cuestiones relativas al contenido del libro
debe dirigirse a: Arcturus Holdings Limited

SUMARIO

UN MUNDO DE PLANTAS

La vida en la Tierra depende de las plantas. Sin ellas, no podríamos estar aquí: transforman la energía del sol, el agua y el dióxido de carbono en el aire que respiramos y los alimentos que comemos. Las plantas pueden ser tan altas como edificios o tan diminutas que solo pueden verse con un microscopio. Las hay que viven miles de años y otras que solo duran unas semanas.

No es fácil para las plantas alimentarse y reproducirse. Para sobrevivir se comunican con animales y otras plantas. Se disfrazan y cuentan con muchos recursos para evitar que se las coman y poder germinar. ¡Incluso hay plantas que comen animales!

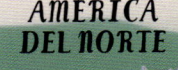

AMÉRICA DEL NORTE

AMÉRICA DEL SUR

HÁBITATS: UN LUGAR AL QUE LLAMAR «HOGAR»

Un hábitat es el entorno en el que viven las plantas y los animales; un lugar donde pueden encontrar alimento y condiciones de crecimiento adecuadas y donde pueden reproducirse. Las plantas silvestres ayudan a crear hábitats. Los hábitats están determinados por el clima, la temperatura y la ubicación de los continentes en la superficie de la Tierra. Hay seis tipos principales: agua dulce, mar, bosque, desierto, pradera y tundra.

MAR　　BOSQUE　　PRADERA

TUNDRA　　DESIERTO　　AGUA DULCE

EUROPA

ASIA

ÁFRICA

OCEANÍA

COMO EMPEZÓ TODO: PANGEA

La Tierra no siempre ha sido como la vemos hoy. Hace millones de años, la mayor parte de la tierra del planeta estaba unida en una enorme masa de tierra llamada «Pangea». Así fue durante unos 100 millones de años hasta que acabó fragmentándose. Los trozos de tierra que llamamos continentes se fueron deslizando, impulsados por poderosos movimientos en la superficie de la Tierra. Los continentes siguen moviéndose. Mientras lees este libro, Europa y América del Norte se están alejando poco a poco, unos 2,5 cm cada año.

CONTINENTES

La mayor parte de la Tierra está repartida en seis continentes: África, Europa, Asia, América, la Antártida y Oceanía; este último continente está formado por Australia y las 25 000 islas del Pacífico.

ANTÁRTIDA

¿QUÉ ES UNA PLANTA?

Las plantas son organismos vivos. La mayoría contienen clorofila, un pigmento verde que capta la energía de la luz solar y el dióxido de carbono del aire y los transforma en glucosa, un alimento para la planta. Este proceso, llamado «fotosíntesis», libera el oxígeno que todos los animales necesitan para respirar.

La fotosíntesis tiene lugar en las hojas. Por la noche, cuando no hay luz, las plantas dejan de hacer la fotosíntesis y, en su lugar, respiran: un proceso en el que las plantas toman oxígeno y liberan dióxido de carbono.

EL REINO DE LAS PLANTAS

Los botánicos, que son los científicos que estudian las plantas, estiman que hay unos 400 000 tipos diferentes de plantas en la Tierra, y cada vez se descubren más especies. Las primeras plantas terrestres, los musgos y los helechos, evolucionaron hace unos 470 millones de años y poco a poco se han ido transformando en la amplia variedad que vemos hoy: desde ranúnculos y plátanos hasta secuoyas gigantes.

Para poner un poco de orden en tanta variedad, los botánicos dividen las plantas entre las que tienen flores y las que no. Dentro de estos grupos, hay muchas especies diferentes. Las plantas con flores constituyen más del 90 % de todas las especies.

Plantas antiguas

El equiseto o cola de caballo apareció hace unos 200 millones de años, en la época de los dinosaurios. Todavía crecen en la mayor parte del mundo, excepto en Australasia.

REPRODUCCIÓN DE LAS PLANTAS

Las plantas se pueden reproducir de dos formas: sexual y asexualmente.

La reproducción sexual requiere que las plantas tengan flores y produzcan semillas. En primer lugar, el polen es transportado por el viento o por insectos de una flor a otra. Cuando el polen llega a la nueva flor, viaja hasta el ovario y fecunda los óvulos. Esto produce semillas. Las semillas se dispersan luego gracias al viento o a los insectos, y algunas darán lugar a nuevas plantas parecidas, pero no idénticas, a los padres.

La reproducción asexual también se llama «clonación», y, gracias a ella, las plantas forman nuevas plantas por sí mismas. La mayoría de los agricultores cultivan (o clonan) patatas a partir de otras patatas pequeñas, por ejemplo. Un clon puede crecer a partir de las raíces, los tallos, las hojas o las flores de la planta madre, y siempre es idéntico a ella. Si bien la clonación acelera los ciclos de vida de las plantas, como todos los descendientes son iguales, también todos son vulnerables a las mismas enfermedades o cambios en el medio ambiente.

LOS HONGOS Y LA «WEB» VEGETAL

¡Los hongos son increíbles! Aunque no son plantas, su relación con ellas es muy especial: ayudan a descomponer la materia vegetal para liberar nutrientes que otras especies pueden absorber, y su propia red de finas raíces (los micelios) se fusiona con plantas, como los árboles, para ayudarlos a comunicarse y a compartir alimentos. Es algo parecido a la red informática mundial, que ayuda a las personas a compartir información. La «web» vegetal es, sencillamente, sorprendente.

ÁFRICA

África es el segundo continente en extensión y el más antiguo. Engloba 54 países y el paisaje es muy variado. Contiene el río más largo: el Nilo, así como valles de fractura, lagos, praderas, desiertos y selvas tropicales. En la actualidad, se calcula que en África crecen unas 45 000 especies de plantas, aunque, seguramente, el número exacto es mayor, ya que se descubren nuevas especies cada día, sobre todo en zonas poco exploradas, como la selva del Congo.

La mayor diversidad de plantas africanas se encuentra en las selvas tropicales. Este hábitat es caluroso y húmedo todo el año, lo que permite a las plantas realizar la fotosíntesis y crecer sin necesidad del parón del invierno. La vida es mucho más dura para la vegetación del Sahel y otras zonas secas, como el desierto del Sáhara, que reciben muy poca lluvia.

1 EGIPTO: DELTA DEL NILO

Los fértiles suelos del delta son excelentes para muchos cultivos, como el algodón. Suaves hebras blancas rodean las semillas de la planta del algodón y se hilan para hacer tejidos.

2 NORTE DE ÁFRICA Y MARRUECOS: ARGÁN

Las cabras que trepan a los árboles de argán dispersan luego las semillas del árbol con sus excrementos. El aceite de argán se emplea en cosméticos de todo el mundo.

3 NORTE DE ÁFRICA: EL SAHEL

El Sahel alberga plantas extraordinarias que pueden ablandar las rocas o ayudar a tratar las mordeduras de serpiente.

4 ÁFRICA OCCIDENTAL: ÁRBOL DE COLA

Este asombroso árbol proporciona instrumentos musicales, madera para fabricar canoas, ¡y la nuez de cola para hacer bebidas!

Patata (Solanum tuberosum)

Baobab (Adansonia digitata)

Papiro (Cyperus papyrus) *y hoja de papiro*

Acacia senegal (Senegalia senegal)

Nenúfar azul (Nymphaea nouchali)

Rosa del desierto (Adenium obesum)

Argán (Argania spinosa)

Árbol de cola (Cola acuminata)

Palma del viajero
(*Ravenala madagascariensis*)

9

Coco de mar
(*Lodoicea maldivica*)

Kigelia africana
(*Kigelia africana*)

Lirio de sangre
(*Scadoxus multiflorus*)

Pico de loro
(*Impatiens niamniamensis*)

7

Gladiolo cabeza de dragón
(*Gladiolus dalenii*)

Protea rey
(*Protea cynaroides*)

8

6

Caoba africana
(*Khaya grandifoliola*)

Oxalis
(*Oxalis versicolor*)

Lirio de fuego
(*Gloriosa superba*)

---

5 **ÁFRICA ORIENTAL:**
BAOBAB

Los baobabs, con forma de botella, abastecen de agua a las personas y a los animales durante la sequía. Han actuado como lugares de encuentro durante siglos.

6 **ÁFRICA CENTRAL:**
CUENCA DEL RÍO CONGO

En el Congo crecen árboles gigantes de madera dura de los cuales se obtiene una medicina para tratar la malaria y una fruta que hace que todo lo que se coma tenga un sabor muy dulce.

7 **CENTRO-SUR DE ÁFRICA:**
ZAMBIA

La bella Zambia tiene árboles de los que parecen crecer salchichas y un lirio que puede paralizar a los peces.

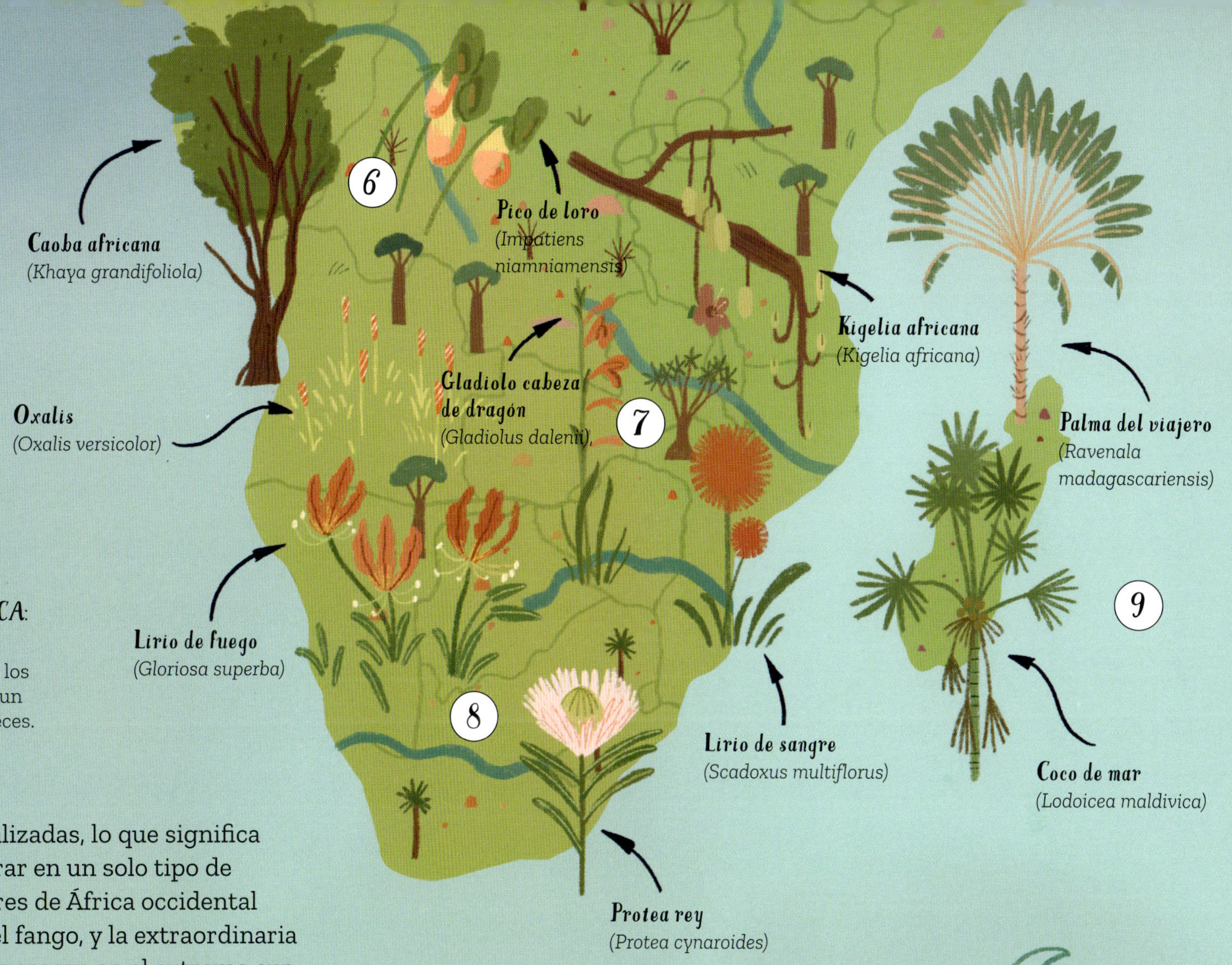

8 **SUR DE ÁFRICA:**
FLORA de EL CABO

El fynbos comprende tres tipos de matorrales: proteas gigantes llenas de néctar; lirios que parecen estar en llamas y acederas que recuerdan a caramelos.

9 **OCÉANO ÍNDICO**

En las islas del océano Índico se puede encontrar la semilla más pesada de la Tierra, palmeras que salvan al viajero sediento, flores que cambian de tonalidad a lo largo del día... ¡y árboles que sangran!

Algunas plantas están muy especializadas, lo que significa que han evolucionado para prosperar en un solo tipo de ambiente. Por ejemplo, los manglares de África occidental necesitan mantener sus raíces en el fango, y la extraordinaria variedad de flores de los fynbos que crecen en el extremo sur de África morirían en los hábitats más cálidos del norte.

Las plantas africanas son muy importantes para los animales y la población local, pero también influyen en la vida de los habitantes de otros lugares. África produce más de la mitad del chocolate mundial y exporta té, café, cacahuetes, ñames y algodón, así como maderas duras procedentes de la selva. Vivas donde vivas, las plantas africanas siempre están cerca.

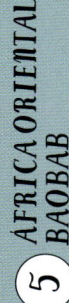

Caña de azúcar (*Saccharum officinarum*)

La caña de azúcar es una planta herbácea que contiene sacarosa, un azúcar natural. Si las cañas se trituran y se hierven, proporcionan los granos de azúcar que se usan para endulzar la comida.

Algodón (*Gossypium hirsutum*)

Se cree que el algodón proviene de la India, pero ahora se cultiva en muchos países. Las fibras suaves y blancas que rodean las semillas se hilan para hacer tejidos. Egipto produce uno de los algodones de mejor calidad del mundo.

Sandía (*Citrullus lanatus*)

La sandía es un alimento versátil y puede comerse cruda o encurtida, añadirse a guisos, beberse como zumo o convertirse en vino. Se han encontrado semillas de sandía en la tumba del faraón egipcio Tutankamón.

Chufa (*Cyperus esculentus*)

La chufa fue uno de los primeros cultivos sembrados por el hombre, que recogía y secaba las chufas maduras.

Espuela de caballero
(*Consolida ajacis*)

Las flores, de color intenso, contienen un veneno que puede ser mortal para las personas y los animales. Los agricultores suelen eliminar estas plantas antes de permitir que el ganado paste.

Patata (*Solanum tuberosum*)

Hay más de 5000 tipos diferentes de patatas cultivadas en todo el mundo. Oriunda de América, la patata fue introducida en Europa por los españoles.

Cardo
(*Cirsium rivulare*)

Los habitantes del delta del Nilo cocinaban y comían su tallos tiernos.

EGIPTO: DELTA DEL NILO

El río Nilo es el más largo de África y da vida al seco y desértico paisaje de Egipto. A lo largo de miles de años, la corriente ha ido arrastrando tierra de las orillas del río y la ha transportado río abajo, hacia el mar.

Cuando el Nilo se acerca a la desembocadura en el mar Mediterráneo, se vuelve lento y poco profundo, se divide en canales y se ensancha, formando el delta. El suelo del delta es rico y fértil, ideal para cultivos de clima cálido como la caña de azúcar y el algodón. Estos cultivos forman un enorme oasis verde dentro del desierto arenoso circundante, ¡que hasta puede verse desde el espacio!

En la actualidad, la vegetación de este hábitat vital está amenazada por el calentamiento global. La subida del nivel del mar en el Mediterráneo significa que el agua salada puede fluir hacia el delta y cambiar el tipo de plantas y de cultivos que sobreviven allí.

Hoja de papiro

Papiro (Cyperus papyrus)
Los papiros crecen en aguas poco profundas. Hace unos 5000 años, los egipcios aprendieron a manipularlos para hacer el papel donde escribían.

Apio
(Apium graveolens)
El apio necesita un suministro constante de agua.

Lechuga de agua (Pistia stratiotes)
La lechuga de agua atrapa aire en sus hojas y, así, flota. Es tóxica si se come cruda.

Nenúfar azul (Nymphaea nouchali)
Las flores del nenúfar se abren a media mañana y se cierran al atardecer. Cada flor solo dura cuatro días.

Mar Mediterráneo

Egipto

Mar Rojo

Río Nilo

Sudán

NORTE DE ÁFRICA Y MARRUECOS: ARGÁN

Los árboles de argán (*Argania spinosa*) han evolucionado para sobrevivir en el semidesierto cálido y seco del suroeste de Marruecos. Su copa con hojas pequeñas y coriáceas pierde poca agua y el tronco corto y nudoso está sujeto por raíces profundas.

Los árboles son escasos en este paisaje árido y se tratan con cuidado porque aportan muchos beneficios. El aceite de argán proporciona alimento y medicinas para humanos y animales, sus raíces fijan el suelo para evitar la erosión del viento y los ejemplares más frondosos ofrecen sombra contra el sol ardiente.

Cuando el árbol muere, hacia los 200 años, se utiliza para obtener madera o leña. Nada ocurre rápidamente en los bosques de argán; ¡los árboles tardan 50 años en producir frutos! La sobreexplotación comercial y la deforestación los amenazan y ahora están protegidos como especie en peligro de extinción.

Pienso para animales

Las hojas son un alimento excelente para camellos, ovejas y cabras, que también se comen la pulpa de la nuez una vez extraído el aceite.

¿Aceite de excrementos?

Las astutas cabras han aprendido a trepar a lo alto de los árboles de argán para comerse los frutos. Antiguamente, los frutos no digeridos que se encontraban en los excrementos de las cabras se recogían, se procesaban y se convertían en aceite.

Marruecos

Bosques de argán

Cosmética

El aceite de argán se ha convertido en un popular producto antienvejecimiento. El fruto del argán contiene en su interior las semillas, que se trituran y, luego, se exprime la pulpa para extraer el preciado aceite.

Floración

Las flores del argán brotan a principios de la primavera, listas para ser polinizadas por los insectos.

Abejas ocupadas

Las flores atraen a las abejas, por lo que muchos agricultores tienen colmenas cerca. Las abejas recolectan néctar y las colmenas producen un buen suministro de miel.

Aceite multiuso

El aceite de argán, que antes solo conocían las tribus bereberes, se utiliza ahora en la cocina, para tratar heridas y para el cuidado de la piel, en cosmética y en perfumería. El aceite tiene sabor a nuez.

Nueva generación

Los agricultores tienen cuidado para no llevarse todas las semillas. Plantan solo algunas de las mejores, para que crezca la siguiente generación de árboles de argán.

NORTE DE ÁFRICA: EL SAHEL

El Sahel es una vasta zona seca o semiárida al sur del desierto del Sáhara y al norte de una franja de densos y verdes bosques y praderas. Abarca diez países y mide 5900 km de oeste a este.

Esta es una región de extremos. Las lluvias provocan un estallido de crecimiento; la hierba se vuelve exuberante y las flores brotan en la tierra húmeda. A medida que suben las temperaturas y la tierra se calienta, estas plantas se marchitan y los árboles pierden sus hojas y apenas crecen con el intenso calor. Luego, durante muchos meses no llueve nada.

Solo algunas de las especies más adaptadas pueden sobrevivir todo el año. Estas plantas son importantes para la población local, ya que pocos cultivos pueden prosperar en este duro paisaje. La vegetación del Sahel proporciona alimento a las personas y a los animales. También hay plantas que se utilizan para curar heridas o producir bienes que pueden intercambiarse o venderse.

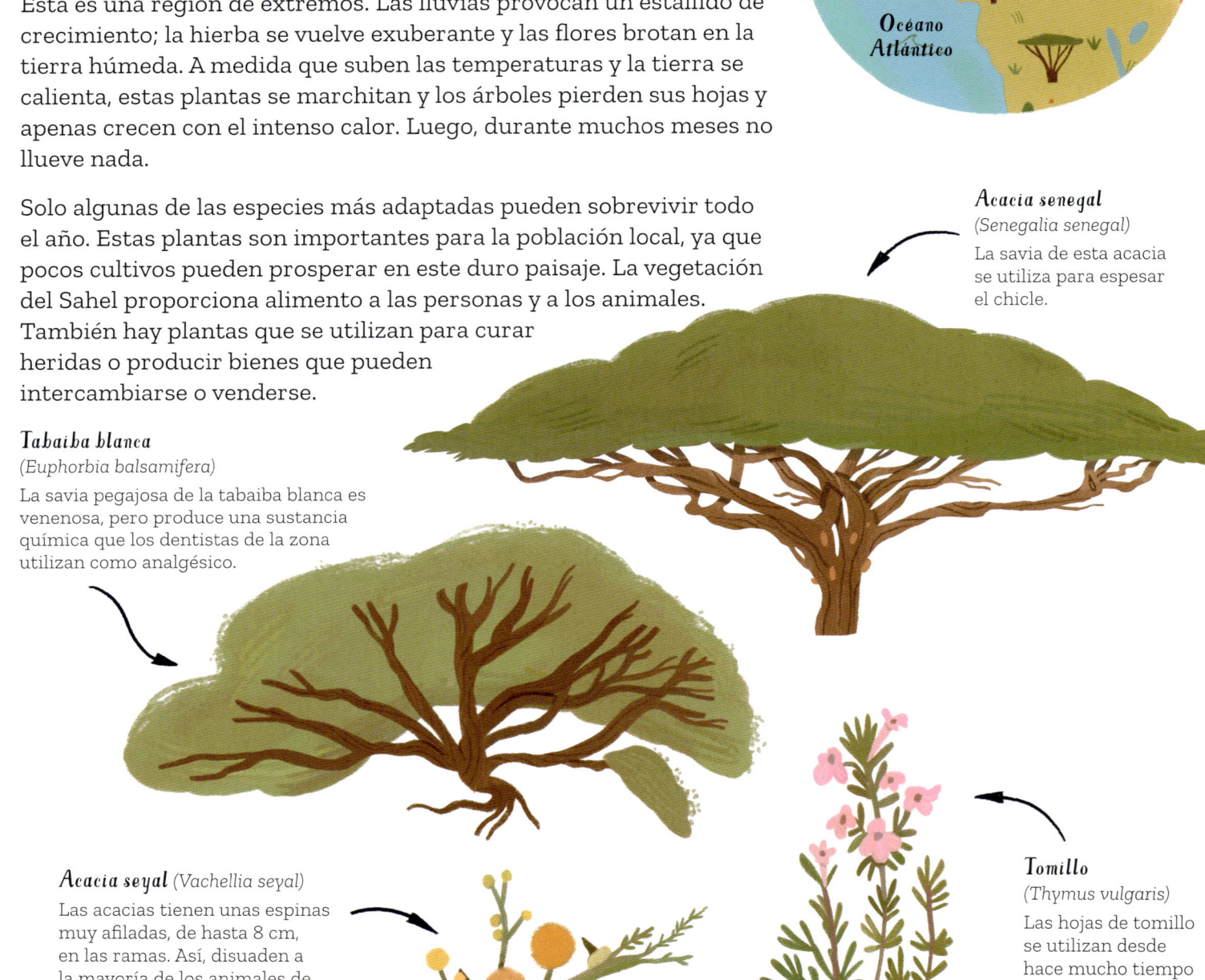

Acacia senegal
(Senegalia senegal)
La savia de esta acacia se utiliza para espesar el chicle.

Tabaiba blanca
(Euphorbia balsamifera)
La savia pegajosa de la tabaiba blanca es venenosa, pero produce una sustancia química que los dentistas de la zona utilizan como analgésico.

Acacia seyal *(Vachellia seyal)*
Las acacias tienen unas espinas muy afiladas, de hasta 8 cm, en las ramas. Así, disuaden a la mayoría de los animales de comerse sus hojas.

Tomillo
(Thymus vulgaris)
Las hojas de tomillo se utilizan desde hace mucho tiempo como antiséptico.

Mar Mediterráneo

Desierto del Sáhara

Sahel

Océano Atlántico

Rosa del desierto
(Adenium obesum)
La rosa del desierto almacena agua en su tallo hinchado. Crece silvestre en el Sahel y es una planta de interior muy popular en todo el mundo.

Pasto llorón
(Eragrostis curvula)
La mayor parte de esta planta está oculta bajo tierra. La hierba puede crecer hasta 1,85 m de altura, pero el sistema radicular puede tener 4 m de profundidad y 3 m de anchura.

Algodoncillo gigante
(Calotropis procera)
La savia del tallo de esta planta se usa para tratar la mordedura de algunas serpientes venenosas.

Mijo perla *(Cenchrus americanus)*
Este mijo produce una semilla con la que se hace un pan excelente.

Palmera dum
(Hyphaene thebaica)
Estas palmeras pueden ser masculinas o femeninas. Todas tienen flores, pero solo las femeninas producen frutos.

Samwa
(Cleome droserifolia)
Sus raíces producen unas sustancias químicas que ablandan las rocas. Esto permite que las plantas prosperen en zonas con muy poca tierra.

Hanza
(Boscia senegalensis)
El hanza es uno de los pocos árboles frutales que crecen en el Sahel.

Acacia tortilis *(Vachellia tortilis)*
Las semillas de las acacias dan de comer a los babuinos.

ÁFRICA OCCIDENTAL: ÁRBOL DE COLA

A los humanos nos gusta la cafeína, y existen restos arqueológicos que evidencian que hemos estado consumiendo nueces de cola (*Cola nitida* y *Cola acuminata*) ricas en cafeína desde hace siglos. Se pueden tomar crudas o tostadas, machacadas y añadidas a alimentos o bebidas. En el siglo XX, adquirieron importancia por su uso en la preparación de refrescos de «cola».

Los árboles de cola, altos y de hoja perenne, crecían de forma natural en las selvas tropicales de África occidental, pero los cultivos comerciales están más extendidos. Estos árboles no forman frutos hasta los cuatro años, pero cada uno puede producir hasta 300 nueces (sus semillas) al año. Las nueces, de color rojo intenso, crecen protegidas dentro de frutos (o vainas). Los frutos son rugosos, moteados y de hasta 20 cm de longitud. Las nueces se recogen inmaduras porque muchos animales se comen las semillas maduras cuando las vainas se abren de manera natural.

Hojas coriáceas

El árbol de cola se parece al castaño (*Castanea*). Las hojas son largas y de forma ovoide y tienen una superficie coriácea.

Nueces sabrosas

Las nueces de cola contienen cafeína y se utilizan en algunos chocolates y bebidas.

Procesamiento de las vainas

Una vez abiertas las vainas, hay que secar las semillas antes de utilizarlas.

¡Agita y baila!

Los músicos atan las nueces de cola secas con un cordel sin apretarlas mucho. Al agitarlas, emiten un sonido parecido al de las maracas.

Polinización
Las flores del árbol de cola son polinizadas con ayuda del viento y de los insectos.

Semillas apetitosas
Cada vaina contiene hasta diez semillas. Son un alimento muy apreciado por pájaros, murciélagos y ardillas.

Chimpancés (Pan troglodytes)
Los chimpancés son una de las pocas especies animales que utilizan herramientas: abren las duras vainas con piedras y se comen las semillas del interior.

Madera resistente
La madera de los árboles de cola es fuerte y dura. A menudo se vacían los troncos para hacer canoas.

Un hogar estable

Las ramas del baobab son un lugar perfecto para que el **bufalero piquirrojo** (*Bubalornis niger*) construya su nido.

Lugar de descanso

A los **leopardos** (*Panthera pardus*) les gusta descansar en lo alto de los baobabs, tumbados sobre las ramas.

Raciones de emergencia

Cuando no tienen qué comer, los **elefantes** (*Loxodonta africana*) perforan los baobabs con los colmillos para llegar a la madera húmeda de su interior.

Conservas

El fruto del baobab es amargo y sabe a limón, pero es una excelente conserva cuando se cuece a fuego lento con azúcar.

MERMELADA de BAOBAB

Vainas colgantes

El fruto crece dentro de grandes vainas ovaladas que cuelgan de las ramas.

Corteza versátil

La corteza del baobab es dura y resistente. Se pueden arrancar tiras largas y finas para tejer bolsos y sombreros. Esto no perjudica al árbol, ya que la corteza vuelve a crecer.

ÁFRICA ORIENTAL: BAOBAB

El baobab (*Adansonia digitata*) es uno de los árboles más longevos del mundo. El más antiguo llegó a vivir 2500 años. Parece un árbol del revés porque sus extrañas ramas se asemejan a las raíces de un árbol que sobresalen en el aire.

África oriental

Los murciélagos polinizan las flores, que se abren al atardecer, justo antes de que los murciélagos abandonen sus dormideros, y se cierran antes del amanecer para protegerse del sol. Los baobabs son capaces de sobrevivir en hábitats muy secos porque pueden almacenar agua. Durante la estación húmeda, las raíces absorben el agua del suelo y la acumulan en el interior de su enorme tronco. Un solo árbol puede contener 120 000 litros (el equivalente a 400 bañeras llenas de agua), lo que lo mantendrá con vida cuando no llueva. A medida que el baobab envejece, deja de crecer; en cambio, su tronco se ensancha y puede retener mucha más cantidad de agua.

Punto de encuentro

Los baobabs son árboles muy importantes en la cultura africana. Muchos tienen nombre y son lugares donde la gente se reúne o a cuyo alrededor se organizan mercados.

Fuente de agua

Los humanos han aprendido a excavar en los troncos de los viejos baobabs para llegar al agua de su interior. Toman lo justo para calmar la sed y tienen cuidado de mantener con vida el árbol, para que siga suministrando agua en el futuro.

ÁFRICA CENTRAL: CUENCA DEL RÍO CONGO

La cuenca del Congo contiene la segunda mayor selva tropical del mundo. Algunas zonas de esta intrincada selva ecuatorial aún no se han explorado ni cartografiado adecuadamente. Cada año, los biólogos descubren nuevas especies de plantas y animales.

Pocas personas viven en la selva y la mayoría tiene su hogar cerca del gigantesco río Congo. La escasa presencia humana favorece que esta selva no se destruya tan rápidamente como otras selvas tropicales, donde se talan árboles para obtener leña, materiales de construcción y madera.

En zonas abiertas, los fuertes vientos dispersan las semillas y las transportan lejos de la planta madre. El aislado Parque Nacional de Salonga es la mayor reserva forestal de África y solo es accesible por agua. Alberga árboles gigantescos de 50 m de altura que frenan los vientos e impiden la dispersión aérea de las semillas. En cambio, ¡las semillas se transportan en los excrementos de los animales!

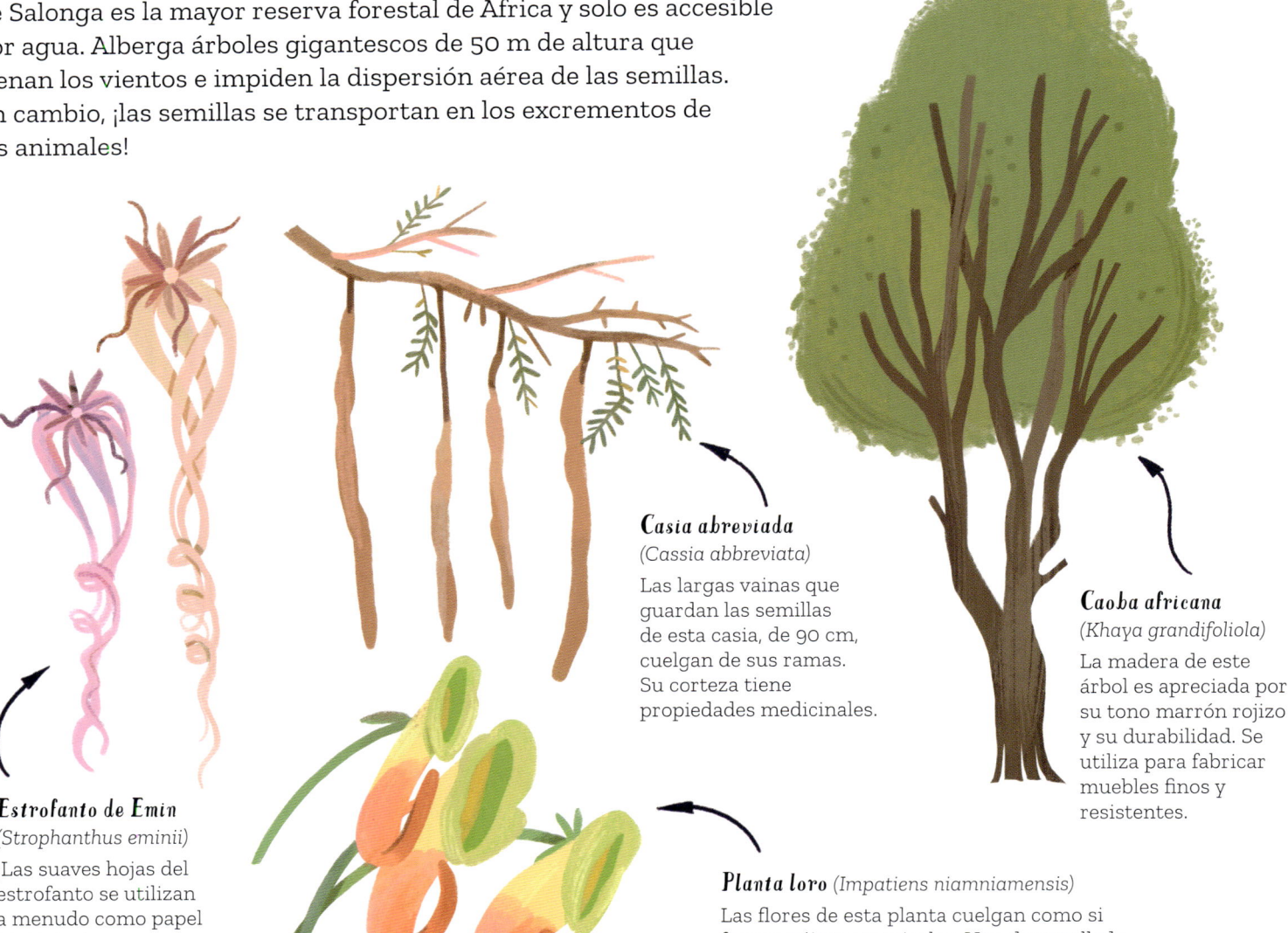

Río Congo

Río Lualaba

Parque Nacional de Salonga

Océano Atlántico sur

Casia abreviada
(Cassia abbreviata)
Las largas vainas que guardan las semillas de esta casia, de 90 cm, cuelgan de sus ramas. Su corteza tiene propiedades medicinales.

Caoba africana
(Khaya grandifoliola)
La madera de este árbol es apreciada por su tono marrón rojizo y su durabilidad. Se utiliza para fabricar muebles finos y resistentes.

Estrofanto de Emin
(Strophanthus eminii)
¡Las suaves hojas del estrofanto se utilizan a menudo como papel higiénico!

Planta loro *(Impatiens niamniamensis)*
Las flores de esta planta cuelgan como si fueran pájaros tropicales. Han desarrollado tonalidades brillantes para atraer a los insectos y favorecer la polinización.

Jengibre salvaje
(Aframomum ngamikkense)
Esta especie de jengibre silvestre se acaba de descubrir en una remota cordillera del Congo.

Planta linterna
(Ceropegia albisepta)
Es una planta suculenta; esto es, conserva el agua en su interior.

Árbol de lombi
(Dalbergia glandulosa)
Las raíces tabulares o de contrafuerte alrededor del tronco ayudan al árbol a recoger nutrientes del suelo poco profundo de la selva tropical y a estabilizarlo.

Árbol de la quina
(Cinchona officinalis)
Este árbol es una de las especies más importantes del mundo porque su corteza proporciona la quinina, un medicamento para tratar la malaria. El Congo posee el mayor bosque de quinas del planeta.

Fruta milagrosa
(Synsepalum dulcificum)
¡Esta fruta es mágica! Después de comerla, durante media hora todo (incluso el limón más agrio) sabe muy dulce.

Peral de hoja alada
(Schrebera trichoclada)
Las flores tienen un aroma dulce parecido al jazmín.

Pera africana *(Dacryodes edulis)*
Su fruto morado se llama «atanga». La carne del interior es verde, dulce y deliciosa.

Orbea
(Orbea schweinfurthii)

Sus flores huelen a fruta podrida. Se trata de un ingenioso truco para atraer a las moscas que buscan fruta en la que poner huevos. Cuando las moscas decepcionadas se desplazan a otra flor, completan la polinización.

Granadillo negro
(Dalbergia melanoxylon)

La oscura madera de este árbol se utiliza para fabricar instrumentos musicales.

Duvalia
(Duvalia polita)

Estas plantas solo miden 10 cm de altura y tienen espinas en los tallos que las protegen de los animales que pastan.

Huernia *(Huernia verekeri)*

La huernia es una planta suculenta resistente a la sequía. Esto significa que algunas de sus partes almacenan agua, lo que le permite sobrevivir en climas muy secos.

Lirio de sangre
(Scadoxus multiflorus)

El polvo de esta planta se utilizaba antiguamente para pescar. Al echarlo en el agua, se produce una reacción química que paraliza a los peces y, así, los pescadores pueden atraparlos fácilmente.

Euforbia equinulada
(Euphorbia echinulata)

Durante la estación seca, esta planta parece un trozo de madera enterrado en la arena. Cuando llegan las lluvias, de su raíz leñosa brotan el tallo y las flores.

Dorstenia *(Dorstenia verdickii De Wild)*

Muchas especies vegetales solo pueden vivir en un hábitat. Otras, como esta dorstenia, son mucho más adaptables y pueden prosperar en praderas, bosques, entre rocas e incluso en terrenos pantanosos.

ZAMBIA

Zambia es un país sin salida al mar que posee una rica mezcla de hábitats. El mayor de ellos es la sabana salpicada de árboles, pero también hay humedales, pantanos inundados estacionalmente, tierras de cultivo, colinas y valles. Zambia no recibe lluvias suficientes para crear densas selvas tropicales. En cambio, tiene bosques abiertos y secos que crecen en suelos arenosos.

Los trópicos solo tienen dos estaciones al año: la estación húmeda y la estación seca. En Zambia, las lluvias se producen de noviembre a marzo, mientras que en los otros siete meses llueve muy poco. Las plantas necesitan crecer rápidamente cuando llega la lluvia; deben producir flores, ser polinizadas y las semillas germinar antes de que vuelva el sol abrasador y el follaje se queme con el calor.

La mayor diversidad de plantas suele encontrarse en las orillas de ríos y lagos, ya que estas masas de agua pueden abastecer a las plantas durante todo el año.

Tritoma (*Kniphofia uvaria*)
El tritoma se ha convertido en una de las flores de jardín más populares del mundo. Sus espigas de vivos colores parecen antorchas.

Árbol candelabro (*Euphorbia ingens*)
Sus flores producen mucho néctar y son un paraíso para las mariposas.

Gladiolo cabeza de dragón
(*Gladiolus dalenii*)
Puede alcanzar los 2 m de altura. El nombre latino deriva de *gladius*, palabra que significa «espada», por la forma de sus hojas.

Kigelia africana
(*Kigelia africana*)
Las frutas parecen apetitosas salchichas, pero asegúrate de resistir la tentación: solo se pueden tomar secas y cocinadas.

Cactus catedral
(*Euphorbia trigona*)
Cuando se daña el tallo de esta planta, rezuma una savia espesa y blanca, lo que le da también el nombre de «árbol de leche». Pero no se puede beber, ¡es tóxica!

23

FLORA de EL CABO

El fynbos es un tipo de formación de matorrales que crecen en las montañas, los valles y las llanuras costeras del extremo sur de África. En el fynbos hay una gran biodiversidad: alberga unas 9000 especies; entre ellas, brillantes proteas, brezos, margaritas, restionáceas y plantas de bulbo.

Las plantas del fynbos son pirófitas, o amantes del fuego, ya que se benefician de los incendios esporádicos. A veces, la quema ocurre de forma natural, pero en otras ocasiones son los guardas forestales quienes prenden fuego deliberadamente para mantener el hábitat en condiciones óptimas. Esta quema controlada se planifica cuidadosamente para que solo ardan pequeñas zonas. Se cree que el fynbos necesita ser quemado cada 15 años.

Knoppiesbos
(Brunia noduliflora)
Las semillas parecen pelotas de golf. Maduran en la planta durante varios años hasta que, finalmente, emergen.

Lirio de fuego
(Gloriosa superba)
A distancia, estos lirios rojos hacen que el paisaje parezca estar en llamas.

Filica de pluma
(Phylica pubescens)
Esta planta huele a canela. Sus hojas brillantes y plumosas están cubiertas de pelos y atraen a los insectos.

Oxalis *(Oxalis versicolor)*
Las vistosas rayas rojas de la parte inferior de las flores, que hacen que parezcan caramelos, solo son visibles cuando las flores están cerradas. Cuando están completamente abiertas, la flores se ven blancas.

Citrino sanguinea
(Cytinus sanguineus)
¡Estas plantas parásitas son unas ladronas!: envían brotes a las raíces de otras plantas para quitarles el agua y los nutrientes.

Rosa de cristal
(Haworthia cooperi)
La mayor parte de esta suculenta está bajo tierra. Lo único visible son sus extrañas hojas transparentes.

Berzelia *(Berzelia abrotanoides)*
Las esponjosas cabezuelas en forma de bola se secan para utilizarse en floristería.

Algunas plantas del fynbos desprenden semillas que permanecen en el suelo hasta que germinan al calor del fuego. El fuego libera minerales de las plantas que se queman, que las semillas usan para desarrollarse, y, también, forma claros que permiten que la luz del sol llegue a los brotes en crecimiento.

Océano Atlántico

Sudáfrica

Océano Índico

Fynbos

Planta abanico *(Kumara plicatilis)*
Tiene las hojas duras y húmedas, y una corteza gruesa y esponjosa que le ayuda a sobrevivir a los incendios del fynbos.

Lirios de marzo *(Brunsvigia bosmaniae)*
Esta planta suculenta florece en la tierra seca como una explosión de fuegos artificiales.

Nieve de El Cabo *(Syncarpha vestita)*
En primavera, estas flores parecen nieve caída en las montañas. Sus hojas son suaves, como el fieltro.

Protea rey *(Protea cynaroides)*
La gloriosa protea rey es la flor nacional de Sudáfrica. Proporciona alimento al mielero abejaruco de El Cabo *(Promerops cafer)*.

Coco de mar (*Lodoicea maldivica*)

Este extraño árbol solo crece en las islas Seychelles. Produce las semillas más pesadas de todo el reino vegetal: ¡cada una pesa hasta 30 kg!

Pendiente (*Ruizia boutoniana*)

Quedan pocos de estos arbustos en las laderas rocosas de una pequeña península de Mauricio, ya que los monos se alimentan de sus botones florales.

Zostera
(*Zostera capensis*)

Esta hierba marina crece en aguas poco profundas y forma grandes praderas submarinas. Es un alimento importante para animales marinos como las tortugas y los dugongos.

Palma del viajero
(*Ravenala madagascariensis*)

La lluvia se acumula en la vaina que rodea el tallo de la palma del viajero. En la estación seca, se puede encontrar agua aquí mucho tiempo después de las últimas lluvias.

Palmera azul de Madagascar
(*Bismarckia nobilis*)

Solo crece de forma natural en Madagascar y es apreciada por su follaje azul plateado.

Tomate puercoespín
(*Solanum pyracanthos*)

Aunque está emparentada con el tomate y la patata, su fruto es venenoso. Los tallos están cubiertos de espinas de color naranja brillante, por lo que también se conoce como «espina del diablo».

Árbol de fuego (*Delonix regia*)

Es uno de los árboles tropicales más espectaculares. Sus flores pueden ser amarillas o rojas y sirven de alimento a monos y lémures.

OCÉANO ÍNDICO

El océano Índico alberga muchas islas, como Mauricio, Madagascar y Sri Lanka. La mayoría de ellas están a gran distancia de otras masas de tierra y las plantas no pueden ampliar su área de distribución cuando están rodeadas de agua. Algunas semillas, como las del coco de mar, pueden flotar hasta otras zonas, pero encontrar un nuevo hábitat adecuado es cuestión de suerte.

El océano Índico está delimitado por Asia, África, Australia y la Antártida, por lo que los hábitats van de lo tropical a lo árido y helado. Las islas situadas en las aguas cálidas que rodean el ecuador albergan una variedad de plantas mucho mayor que las situadas más cerca del Antártico, donde los inviernos son largos y fríos, lo que dificulta el desarrollo de las plantas.

Hibisco marítimo (*Hibiscus tiliaceus*)

¿Amarillo, naranja o rojo? La tonalidad de las flores de esta planta depende de la hora del día. Las flores son amarillas por la mañana, naranjas al mediodía y rojo intenso al atardecer.

Drago (*Dracaena draco*)

Cuando se corta una rama de este árbol, brota savia roja de la herida. Esto se conoce como «sangre de drago».

Bois dentelle (*Elaeocarpus bojeri*)

Bois dentelle es una palabra francesa que significa «encaje de madera» y describe las delicadas flores blancas de la planta. Menos de cien ejemplares sobreviven en estado silvestre.

Árbol pulpo
(*Didierea madagascariensis*)

Los árboles pulpo crecen en el sur de Madagascar y están cubiertos de espinas largas y afiladas. Se encuentran en una zona llamada «desierto espinoso».

Gardenia de Wright (*Rothmannia annae*)

Este árbol crecía antiguamente en todas las islas Seychelles, pero ahora solo se encuentra en la isla de Aride. Se cree que tiene las flores más maravillosamente perfumadas del mundo.

AMÉRICA DEL NORTE

América del Norte es un subcontinente de montañas, gigantes secuoyas, bosques de píceas, pinos y abetos, bosques húmedos, desiertos y grandes llanuras. A veces resulta difícil imaginar que el paisaje helado de Qikiqtaaluk, en el extremo norte de Canadá, esté en el mismo continente que las selvas tropicales de Costa Rica. Entre estos dos hábitats tan diferentes, hay bosques, desiertos y praderas que abarcan las tres zonas climáticas de la Tierra: tropical, templada y polar.

Los vastos bosques boreales son una de las joyas de América del Norte. Allí se alzan los árboles más altos del mundo y algunas especies extraordinarias de hongos. A primera vista, el desierto de Sonora parece carente de vida, pero una mirada atenta descubre una gran riqueza de plantas y animales.

Muchas zonas que antes estaban amenazadas se encuentran ahora dentro de parques nacionales protegidos, donde los visitantes pueden pasear, ir en bicicleta y hacer fotografías. Otros hábitats, sin embargo, son menos accesibles. Por ejemplo, los bosques de algas marinas son una de las zonas naturales más interesantes e importantes de América del Norte, pero se encuentran en las frías aguas del Pacífico. Al otro lado del continente, las plantas que rodean las cálidas aguas de las islas del Caribe prosperan en un entorno único, moldeado por el mar y el viento.

1 CANADÁ: BOSQUE BOREAL

En el extenso bosque boreal crecen árboles con cuya corteza se fabrican canoas perfectas, y otros que parecen temblar. Aquí encontrarás el preciado arroz salvaje y deliciosas moras de los pantanos.

2 MONTAÑAS TACÓNICAS, EE. UU.: BOSQUE DE ARCE AZUCARERO

La savia de estos espléndidos árboles nos proporciona el jarabe de arce. Aprovechar los árboles es una forma de obtener alimentos azucarados durante el frío invierno.

3 EE. UU.-MÉXICO: DESIERTO DE CHIHUAHUA

Cuando las amapolas florecen en el desierto de Chihuahua, el paisaje se vuelve dorado. Otras plantas espectaculares florecen una vez en su vida y se marchitan poco después.

Foca común
(Phoca vitulina)

Erizo de mar rojo
(Mesocentrotus franciscanus)

Abedul papirífero
(Betula papyrifera)

Flor de Pascua oriental
(Pulsatilla patens)

Hongo diente sangrante
(Hydnellum peckii)

Arroz salvaje
(Zizania palustris)

Cola de caballo
(Equisetum laevigatum)

Arce azucarero
(Acer saccharum)

Sirope de arce

Musgo español
(Tillandsia usneoides)

Rosa de la pradera
(Rosa arkansana)

Agave amarillo
(Agave americana)

Banano
(Musa)

Alga de los perezosos
(Trichophilus welckeri)

Bromeliáceas

Vainilla
(Vanilla planifolia)

Mimosa sensitiva
(Mimosa pudica)

Saguaro
(Carnegiea gigantea)

Murciélago magueyero menor
(Leptonycteris yerbabuena)

Amapola de México
(Eschscholzia californica subsp. mexicana)

Alga parda gigante
(Macrocystis pyrifera)

Secuoya roja
(Sequoia sempervirens)

②

③

④

⑤ **EE. UU: PARQUE NACIONAL OLYMPIC**

Los bosques templados húmedos albergan una vida vegetal claramente inesperada: entre los helechos y los musgos puedes encontrar hongos que parecen postres y líquenes que podrías confundir con lechugas.

⑦ **MÉXICO: DESIERTO DE SONORA**

Los saguaros y los murciélagos tienen una relación muy especial: los enormes cactus dependen de la ayuda de los murciélagos para que polinicen sus flores y diseminen sus semillas. Los murciélagos, mientras tanto, disfrutan de un abundante festín de néctar.

⑧ **COSTA RICA: BOSQUE ETERNO DE LOS NIÑOS**

El Bosque Eterno de los Niños es la prueba viviente de que todos los niños y las niñas pueden contribuir al futuro de la Tierra.

⑨ **CARIBE**

En las islas del Caribe hay árboles cuyas hojas se han utilizado para hacer naipes y plataneras de color rojo intenso que se usan para marcar caminos y senderos.

④ **EE. UU: PARQUE NACIONAL BADLANDS**

Es un lugar de inmensos cañones y barrancos fruto de la erosión. Esta zona también acoge la mayor pradera de Estados Unidos.

⑥ **EE. UU: PARQUE NACIONAL BAHÍA DE LOS GLACIARES**

En gran parte ocultos a la vista, los bosques de algas desempeñan un importante papel para limitar la cantidad de dióxido de carbono en la atmósfera de la Tierra.

Abedul papirífero *(Betula papyrifera)*
Su corteza fuerte y fina se usaba para fabricar canoas ligeras que también pudieran transportarse por tierra.

CANADÁ: BOSQUE BOREAL

El bosque boreal es el bioma terrestre más extenso del planeta. Un bioma es una comunidad de plantas y animales que viven en un hábitat similar. Este tipo de bosque está en América del Norte y, también, en Asia, Europa y la mayor parte de Escandinavia. Rodea la Tierra, justo al sur del círculo polar ártico, y tiene inviernos largos y gélidos. Muchas plantas se aletargan con las bajas temperaturas; su periodo vegetativo se da en primavera y verano, pero, como estos son cortos, las plantas crecen muy despacio.

Arándano de hoja aterciopelada *(Vaccinium myrtilloides)*
Es una de las plantas más útiles del bosque. Los ciervos mordisquean las hojas, las mariposas toman el néctar y muchos animales se alimentan de sus bayas maduras.

Álamo temblón *(Populus tremuloides)*
Las hojas de este álamo se adhieren a los árboles mediante tallos largos y flexibles. Con el viento, las hojas se mueven y retuercen, de modo que todo el árbol parece temblar.

Mora de los pantanos *(Rubus chamaemorus)*
Las bayas maduras son el alimento preferido del oso grizzly.

Balsamina naranja *(Impatiens capensis)*
Sus semillas crecen en una vaina muy compacta. Cuando están maduras, la vaina estalla violentamente (como un globo reventado) y lanza las semillas por el aire.

Flor de pascua oriental *(Pulsatilla patens)*
Los primeros exploradores del norte de Canadá utilizaban sus hojas secas para hacer té.

Hierba de conejo *(Ericameria nauseosa)*
Con las flores se hacen tintes amarillos para telas, y ahora se está experimentando con la savia pegajosa para producir un tipo de caucho que puedan utilizar las personas alérgicas al látex.

Castor *(Castor canadensis)*
Los castores son los arquitectos del bosque. Utilizan las ramas para construir diques en los ríos y ayudar a controlar las inundaciones.

El Parque Nacional del Búfalo de los Bosques es el ejemplo ecológicamente más completo del ecosistema de praderas boreales de las Grandes Llanuras de América del Norte. Se creó hace poco más de cien años para proporcionar un hogar al bisonte americano, una especie casi extinta. Desde entonces, la población de bisontes, así como distintos árboles y plantas, han crecido bajo la protección del parque.

Gran Lago del Esclavo

Parque Nacional del Búfalo de los Bosques

Lago Athabasca

Alerce del Canadá
(Larix laricina)

Estos alerces pueden tolerar el frío intenso, de hasta −65 °C.

Liquen de los renos
(Cladonia rangiferina)

Es el alimento principal del caribú, que utiliza las pezuñas para cavar en la nieve y alcanzar el liquen fresco que hay debajo. El liquen es, en realidad, una relación simbiótica de algas y hongos.

Bisonte de bosque
(Bison bison athabascae)

Antiguamente se cazaba por la carne y la piel, y estuvo a punto de extinguirse en el siglo XIX; se salvó gracias a los conservacionistas, que lo trasladaron a zonas protegidas.

Arroz salvaje
(Zizania palustris)

El arroz salvaje ocupa un lugar importante en la dieta y la cultura de muchos pueblos indígenas. Crece en aguas poco profundas, con solo las cabezas de las semillas asomando por encima de la superficie, y se recolecta en canoa.

Cagarria *(Morchella esculenta)*

Cocidas, son unas setas comestibles deliciosas, pero crudas son venenosas. ¡Nunca recojas setas sin la ayuda de un experto!

Seta de ostra
(Pleurotus ostreatus)

En los arces en descomposición crecen setas de ostra, comestibles y sabrosas.

Canadá

Montañas Tacónicas

Estado de Nueva York

Eupatoria púrpura
(Eutrochium purpureum)

Es una planta importante para la alimentación de las orugas de muchas polillas. Tras la eclosión, las polillas adultas se alimentan del néctar.

Tiarela, flor de espuma
(Tiarella cordifolia)

Estas plantas crecen bien en la sombra creada por los arces. Sus plumosas flores blancas parecen espuma sobre el agua.

Cabeza de tortuga
(Chelone glabra)

La flor de esta planta medicinal tiene forma de cabeza de tortuga. Los insectos se alimentan de ella y las mariposas ponen los huevos en sus hojas.

Madreselva trompeta
(Lonicera sempervirens)

Los colibríes se alimentan del rico néctar de esta madreselva durante su corta migración estival.

Rudbeckia
(Rudbeckia hirta)

Estas flores doradas aparecen a finales del verano.

Dicentra *(Dicentra cucullaria)*

También se la llama «calzones de holandés» o «pantalones del remiendo», ya que parecen unos calzones puestos a secar.

Sirope
Un árbol sano puede producir 60 litros de sirope cada año.

Comida para todos
Los arces son ramoneados por los alces, los ciervos de cola blanca y las liebres.

MONTAÑAS TACÓNICAS, EE. UU.: BOSQUE DE ARCE AZUCARERO

Los arces azucareros (*Acer saccharum*) son originarios del noreste de América del Norte. Pueden formar bosques enteros y vivir más de 150 años. Son árboles de hoja caduca y tienen hojas verdes que cambian de color en otoño y muestran espectaculares tonalidades rojas, naranjas y amarillas. Sus semillas no germinan hasta que hayan pasado un invierno a temperaturas en torno a 0 °C.

Los árboles transportan los nutrientes y el agua desde las raíces hasta las hojas en una savia espesa y pegajosa. Entre los nutrientes, la savia tiene azúcar natural. La del arce contiene más azúcar que la savia de otros árboles. Para obtener el preciado sirope, o jarabe, se hace un agujero en el tronco y la savia gotea lentamente. Luego, se hierve para eliminar el agua y lo que queda es un sirope dorado, ¡perfecto para echarlo sobre las tortitas! Este arce es el árbol nacional de Canadá y su hoja aparece en la bandera.

EE. UU.-MÉXICO: DESIERTO DE CHIHUAHUA

Es el mayor desierto de América del Norte. Se extiende desde el centro de México en el sur, cruza la frontera y llega a tres estados de Estados Unidos. Hasta ahora se han descubierto unas 3000 especies de plantas, lo que lo convierte probablemente en el desierto con mayor biodiversidad del mundo. Cerca de un tercio de todas las especies de cactus viven en este lugar.

Solemos pensar que todos los desiertos son cálidos, pero el desierto de Chihuahua es, en realidad, un desierto frío. La temperatura nocturna puede descender hasta los 0 °C y la temperatura media más alta en verano ronda los 29 °C. Un desierto es cualquier zona que recibe menos de 250 mm de precipitaciones en un año. El desierto de Chihuahua se asienta entre dos cadenas montañosas que crean un efecto llamado «sombra de lluvia». Esto ocurre cuando las altas montañas resguardan las tierras bajas cercanas de las peores condiciones meteorológicas y protegen a esta zona de sombra de las tormentas, los vientos fuertes y las lluvias torrenciales.

Amapola de México
(Eschscholzia californica subsp. mexicana)
Estas amapolas florecen todas a la vez después de una lluvia intensa y tiñen de dorado el desierto.

Ágave amarillo
(Agave americana)
Los ágaves viven 25 años. Justo antes de morir, la planta produce un tallo de 9 m de altura cubierto de flores.

Oso de peluche
(Cylindropuntia bigelovii)
Esta planta parece mullida, como un oso de peluche, pero no se te ocurra abrazarla: ¡los «pelos» son en realidad espinas largas, finas y superafiladas!

Chuparrosa
(Justicia californica)

En las frías noches del desierto a veces se congela completamente, pero se recupera pronto, en cuanto sube la temperatura.

Gobernadora
(Larrea tridentata)

Estos arbustos se consideran la espina dorsal del desierto: proporcionan alimento, leña, medicinas y, de ellos, se alimentan 22 especies de abejas.

Facelia
(Phacelia distans)

Los nativos se comen las hojas de esta planta cociradas.

Palma china
(Yucca torreyi)

Sus hojas coriáceas se utilizaban antiguamente para fabricar telas, sandalias y esteras.

Incienso *(Encelia farinosa)*

Los tallos se parten al doblarlos y, una vez secos, huelen como el incienso.

Flor fantasma
(Mohavea confertiflora)

Las flores fantasma no producen néctar, ¡pero imitan a una planta que sí lo produce! Evolucionaron para parecerse a la especie *Mentzelia involucrate*. Las abejas visitan las flores fantasma en busca de alimento y no lo obtienen, pero, en lugar de ello, las polinizan.

Malva escarlata
(Sphaeralcea coccinea)

Sus hojas de color escarlata se
utilizaban antiguamente para
forrar la suela de los zapatos y
aliviar el dolor causado por las
ampollas en los pies.

Cebada cimarrona
(Hordeum jubatum)

También llamada «espiguilla».
Cada planta puede producir hasta
200 semillas, lo que le permite
propagarse muy rápidamente.

Cola de caballo
(Equisetum laevigatum)

¡La cola de caballo
coexistió con los
dinosaurios! Es una
planta muy antigua
que apareció por
primera vez hace unos
200 millones de años.

Arándano blanco
(Actaea pachypoda)

Como el extraterrestre
lleno de ojos de una película
de ciencia ficción, ¡sus
bayas miran en todas las
direcciones! Se la llama
«ojos de muñeca», y no es
difícil entender por qué.

Hierba del golpe
(Oenothera suffrutescens)

Esta onagra crece
en grandes colonias
y tiene unas flores
muy aromáticas.
Antiguamente se
usaba para detener
los vómitos.

Algodoncillo rosa
(Asclepias incarnate)

Es una planta clave en la
alimentación de las orugas
de la mariposa monarca
(Danaus plexippus).

Onagra del desierto *(Oenothera caespitosa)*

Sus flores se abren al atardecer, listas para
ser polinizadas por polillas nocturnas.
Cuando sale el sol, vuelven a cerrarse.

EE. UU.: PARQUE NACIONAL BADLANDS

Dakota del Sur es el hogar tradicional del pueblo Lakota. Ellos llamaron a este lugar *mako sica*: «mala tierra». Sus cañones escarpados, el barro pegajoso después de las lluvias, la sequía y las temperaturas extremas hacían que la vida no fuera fácil para las personas, las plantas o los animales que vivían allí. Hoy en día, el viento y el agua siguen erosionando el paisaje: cada año, los montes pierden unos 2,4 cm de altura.

Los 990 km² del Parque Nacional Badlands son refugio de bisontes, muflones y perritos de las praderas. Las colinas altas contienen pocas plantas, pero las altitudes más bajas están pobladas por praderas, pastizales abiertos con pocos árboles y abundantes flores silvestres. Aproximadamente la mitad del parque está cubierto de hierba que llega hasta la cintura. Es uno de los hábitats más amenazados de América porque los humanos han introducido accidentalmente nuevas especies vegetales que compiten con los pastos naturales.

Hiedra venenosa
(Toxicodendron radicans)

Si se aplasta la hiedra venenosa, libera un aceite que provoca erupciones, hinchazones y ampollas en la piel humana.

Adelfilla
(Chamaenerion angustifolium)

La adelfilla suele ser la primera planta que reaparece tras un incendio forestal.

Rosa de la pradera
(Rosa arkansana)

El fruto de esta planta es una excelente fuente de vitamina C. Se puede comer crudo o hacer con él jarabes o conservas.

Hierba de trigo occidental
(Pascopyrum smithii)

Es la especie que domina la pradera. Sirve de alimento a animales como el bisonte o el perrito de las praderas.

BOSQUE TEMPLADO HÚMEDO

El Parque Nacional Olympic tiene distintos ecosistemas: montañas cubiertas de glaciares, costas vírgenes y bosques húmedos.

Los bosques de la zona oeste del parque son uno de los lugares más húmedos de América del Norte, con unas precipitaciones de 3300 a 4200 mm al año. Son bosques húmedos, lo que significa que llueve tanto como en el Amazonas, pero en un clima con temperaturas más moderadas. El bosque tiene un aspecto selvático: musgos, helechos y líquenes crecen sobre las ramas de grandes y viejas coníferas y árboles caducifolios. Aquí se encuentran algunos de los árboles más altos del mundo.

El suelo está tapizado de helechos, y sobre los árboles caídos viven comunidades de hongos, pequeños mamíferos, anfibios e insectos. Las hojas en descomposición y los excrementos de los animales son la dieta perfecta para la babosa banana del Pacífico (*Ariolimax columbianus*), que mide ¡25 cm de largo! Las babosas diseminan las esporas y las semillas mientras comen, y, así, contribuyen a nutrir el suelo del bosque con sus excrementos.

Lobaria oregana
(*Lobaria oregana*)

Es frecuente ver trozos de este liquen con forma de hoja de lechuga en el suelo del bosque, pero crecen en lo alto de las copas y se desprenden con los vientos fuertes.

Corazón sangrante del Pacífico
(*Dicentra formosa*)

Esta planta produce largas hileras de flores, en forma de corazón, que cuelgan de finos tallos.

Zarza del salmón (*Rubus spectabilis*)

Sus bayas maduran a la vez que los salmones abandonan el mar y remontan los ríos para reproducirse. A menudo se comía el salmón acompañado de estas bayas, costumbre que dio nombre a la planta.

Orquídea calipso
(*Calypso bulbosa*)

Se encuentra en los bosques templados húmedos de todo el mundo. No puede sobrevivir a pleno sol y le gusta crecer a la sombra de coníferas gigantes.

Kopsiosis
(*Kopsiopsis hookeri*)

Conocida en su hábitat como «cono de Vancouver», es una planta parásita que se adhiere a otras plantas bajo tierra. Crece en distintos tonos, como amarillo, marrón y morado.

Estrecho de Juan de Fuca

Parque Nacional Olympic

Estado de Washington

Tsuga del Pacífico
(Tsuga heterophylla)
El Bosque de los Gigantes alberga algunos de los árboles más altos de América del Norte, como la tsuga del Pacífico. Sus agujas aplastadas huelen a pomelo.

Altramuz de hoja ancha
(Lupinus latifolius)
Estos altramuces tienen unas raíces que se extienden ampliamente. Suelen plantarse tras los corrimiento de tierras, ya que fijan el suelo y ayudan a detener la erosión.

Rododendro del Pacífico
(Rhododendron macrophyllum)
La flor de este arbusto es la flor oficial del estado de Washington.

Hongo diente sangrante
(Hydnellum peckii)
También llamado «diente del diablo», este hongo parece tanto de un cuento de hadas como de una película de terror. El «sangrado» solo es savia.

Colombina oeste
(Aquilegia formosa)
Con las semillas de este ranúnculo machacadas se hacían perfumes.

PARQUE NACIONAL BAHÍA DE LOS GLACIARES: BOSQUES DE ALGAS

En los mares y océanos se pueden encontrar bosques de algas marinas, unos organismos que aparecieron en la Tierra mucho antes de que evolucionaran las plantas que encontramos en tierra firme.

Alaska

Parque Nacional Bahía de los Glaciares

Nutria marina *(Enhydra lutris)*
Las nutrias ayudan a mantener el bosque de algas comiéndose los erizos de mar que se alimentan de las algas.

Alaria esculenta *(Alaria esculenta)*
Esta alga de sabor característico se consume fresca o cocinada.

Kelp de azúcar
(Saccharina latissima)
Contiene manitol, una sustancia química que es un azúcar natural. Esta alga seca se empleaba para endulzar los alimentos.

Foca común
(Phoca vitulina)
Las focas cazan peces, crustáceos y moluscos en estos bosques de algas.

Alga parda gigante
(Macrocystis pyrifera)
Hay más de 10 000 especies de algas y 300 tipos distintos de algas pardas. Esta es la más grande y puede vivir hasta 7 años.

Refugios
Los ricos bosques de algas pardas son un excelente escondite para los peces pequeños.

Las algas kelp pertenecen a la familia de las algas pardas, y son las más grandes de estas formas de vida submarina. Forman colonias de hojas de color marrón verdoso llamadas «láminas» y pueden extenderse hasta 60 m desde el lecho marino hasta la superficie. A medida que ascienden, se dividen en frondas, se mantienen a flote mediante vejigas de aire y gas, y hacen la fotosíntesis.

Las colonias se consideran bosques. Se encuentran en aguas costeras frías y poco profundas. Algunos animales viven en el nivel superior del bosque, el dosel, otros cazan entre las hojas de algas, y los hay que se alimentan en el fondo marino. Sorprendentemente, los bosques de algas producen el 20 % del oxígeno mundial.

Pato arlequín
(Histrionicus histrionicus)
Los patos arlequines se alimentan de pequeños cangrejos e insectos.

Sabrosa y nutritiva
Las algas pardas son ricas en nutrientes, contienen muchos minerales y ¡están deliciosas! Se consumen desde hace siglos en Japón, China, Corea, Nueva Zelanda y Escandinavia.

Kelp cola de toro
(Nereocystis luetkeana)
Crece a un ritmo de 18 cm al día y vive un año.

Erizo de mar rojo
(Mesocentrotus franciscanus)
Los erizos de mar son animales de movimiento lento que devoran algas. Estos bosques son el festín perfecto, pero pueden llegar a ser destruidos si hay un gran número.

Alga laminaria
(Laminaria digitata)
La lámina de esta especie de alga parda tiene forma de remo de barco.

¡Pies quietos!
Un rizoide es una estructura parecida a una raíz que fija las algas al fondo marino o a las rocas. Su potente agarre les permite mantenerse firmes frente a la mayoría de las tormentas.

MÉXICO: DESIERTO DE SONORA

El desierto de Sonora, el más caluroso de México, es conocido por el cactus saguaro. Los cactus son plantas adaptadas al desierto: el secreto de su éxito es que almacenan agua de lluvia en el tallo para utilizarla en periodos de sequía y, al mismo tiempo, la conservan.

Mientras que las hojas de la mayoría de las plantas están cubiertas de diminutos orificios (los estomas, que liberan constantemente la humedad al aire), las hojas de los cactus han evolucionado hasta convertirse en espinas: las espinas no pierden agua ni absorben calor, y protegen al cactus de los animales.

El saguaro tiene grandes ramificaciones que se conocen como «brazos». Algunos llegan a tener hasta 150 brazos, todos los cuales darán fruto. Crecen muy despacio y solo cuando hay agua disponible. Pueden medir 12 m de altura y vivir 150 años.

Mochuelo de los saguaros
(Micrathene whitneyi)
Estos mochuelos tienen el tamaño de un gorrión. Anidan en viejos agujeros hechos por los pájaros carpinteros del desierto *(Melanerpes uropygialis)*.

Paloma de alas blancas
(Zenaida asiatica)
Especialistas en el saguaro, estas aves dependen de ellos para alimentarse y beber durante la época de cría; a cambio, polinizan y diseminan las semillas de los cactus.

Hogar de muchos
Durante su largo ciclo vital, el saguaro proporciona alimento y refugio a multitud de especies.

Carpintero del desierto
(Melanerpes uropygialis)
Construye su nido taladrando agujeros en el saguaro y, en esa cavidad, pone los huevos.

Espinas fuertes

Las espinas del saguaro son casi tan fuertes como el acero y pueden crecer hasta 7 cm de largo. Se han encontrado muchos animales del desierto con espinas de cactus clavadas en la piel.

EE.UU.

Desierto de Sonora

México

Murciélago magueyero menor
(Leptonycteris yerbabuena)

Estos murciélagos pasan el día durmiendo en cuevas y salen por la noche para alimentarse del néctar del saguaro, a la vez que lo polinizan.

Saguaro crestado

Se trata de una rara variedad de saguaro con una singular forma de abanico.

Repleto de semillas

La mayoría de los animales del desierto se alimentan de los frutos del saguaro. Cada fruto contiene unas 2000 semillas, que se diseminan con los excrementos de los animales.

Flores efímeras

Cada cactus puede producir 100 flores blancas y cerosas al año, pero las flores viven solo un día y se abren únicamente por la noche.

Planta de Darth Vader
(Aristolochia salvadorensis)

Es una rara planta de la selva tropical con una flor que se parece al célebre personaje de *La guerra de las galaxias*.

Vainilla
(Vanilla planifolia)

Las orquídeas de las que se extrae la vainilla son originarias de las selvas tropicales de América Central. Su fruto es una vaina larga y fina que se seca para obtener la deliciosa especia que aromatiza helados y chocolate.

Cortinas
(Columnea microcalyx)

Estas plantas epífitas crecen en las zonas más altas de la reserva, llamadas «bosque nuboso». Las flores parecen carpas doradas colgantes.

Bucare ceibo
(Erythrina poeppigiana)

Su madera es muy blanda y se pudre fácilmente. Los árboles viejos tienen muchos agujeros en su grueso tronco. Son lugares perfectos para que aniden tucanes y loros.

Mimosa sensitiva
(Mimosa pudica)

Las hojas de estas tímidas plantas se cierran con fuerza en cuanto se tocan.

COSTA RICA: BOSQUE ETERNO DE LOS NIÑOS

Es uno de los lugares con mayor biodiversidad del planeta y un milagro de la conservación. Se trata de una reserva que se salvó de la destrucción gracias a las acciones de los niños. En 1987, un profesor sueco visitó Costa Rica y se quedó horrorizado al ver cómo se talaban sus bosques. Cuando les habló a sus alumnos de la deforestación, decidieron intentar detenerla. Los niños vendieron pasteles caseros y tarjetas, lavaron coches y donaron su paga, y, finalmente, reunieron fondos suficientes para comprar una pequeña zona de bosque. Después, otras escuelas se han unido a la iniciativa para comprar más bosque.

Desde entonces, niños de 44 países han creado una de las reservas más importantes del mundo. Sus esfuerzos han merecido la pena. Se han descubierto 30 especies de árboles completamente nuevas dentro de la reserva, que da cobijo a 450 especies de aves y tiene la mayor población de especies de orquídeas en un solo lugar de la Tierra.

Pacaya
(Chamaedorea tepejilote)

Esta planta crece tan bien en el oscuro interior del bosque que sus hojas mueren si se exponen a demasiada luz solar.

Rana verde de ojos rojos
(Agalychnis callidryas)

Las ranas arborícolas pasan la vida sin bajar a tierra. Cazan pequeños insectos y poren sus huevos en los pecueños charcos de agua del interior de las bromeliáceas.

Bromeliáceas

Las bromeliáceas son epifitas, es decir, plantas que crecen sobre otras plantas. Sus hojas forman una copa que atrapa la lluvia y proporciona agua a la planta.

Guamúchil
(Pithecellobium dulce)

Los bosques nubosos son más fríos que los bosques húmedos de las tierras bajas y sus plantas no suelen ser tan altas. El guamúchil solo alcanza unos 10 m de altura.

Alga de los perezosos
(Trichophilus welckeri)

Los perezosos se camuflan entre los árboles gracias a esta alga que crece en su pelaje. ¡Algunos se vuelven completamente verdes!

Costa Rica

45

CARIBE

El mar Caribe o mar de las Antillas es la parte del océano Atlántico que baña el área entre América y las islas del Caribe. El clima aquí es cálido y húmedo, una combinación perfecta para la vida vegetal. Repartida por más de 2000 islas existe una magnífica variedad de hábitats. La vegetación es exuberante y diversa: abundan las orquídeas, las bromeliáceas, los helechos arborescentes y los higos.

Aunque también hay una gran diversidad de árboles, buena parte de los bosques originales del Caribe se han talado para dejar paso a la agricultura, el urbanismo y el turismo. Este es un problema agravado por los huracanes que azotan el Caribe cada año de junio a noviembre, en la temporada de huracanes, cuando fuertes vientos de hasta 240 km/h golpean las islas y pueden arrasar gran parte de la vegetación. Las plantas necesitan crecer muy deprisa para poder producir semillas antes de que llegue otra tormenta. Muchas de las especies de la región son endémicas, es decir, exclusivas de sus islas.

Bigotillo
(Caesalpinia pulcherrima)
Es la flor nacional de Barbados y una importante fuente de néctar para los colibríes del Caribe.

Anón *(Annona squamosa)*
Esta fruta sabe ligeramente a natillas. Cuando está madura, se conserva muy fría y se sirve con helado. Es un postre caribeño muy apreciado.

Banano *(Musa)*
El fruto del banano, la banana, es un tipo de plátano que contiene muy poco azúcar. No se come como fruta, sino cocinado como las patatas: frito, en puré o asado.

Musgo español *(Tillandsia usneoides)*
Este musgo vive en lo alto de las ramas de los árboles, en las chimeneas e incluso en los cables del teléfono. No tiene raíces y sobrevive absorbiendo agua directamente del aire.

Mamey silvestre
(Clusia rosea)

Las hojas de los mamey silvestres son tan fuertes que es posible tallar palabras en su superficie cerosa con una uña o un palo afilado. También se han utilizado para hacer naipes.

Plátano silvestre de Cuba
(Heliconia bihay)

Antes de que se construyeran carreteras, se plantaban junto a los caminos por sus flores brillantes, para que los caminantes no se perdieran. ¡Ingenioso!

Aki *(Blighia sapida)*

Los árboles del akí se llevaron de África a las islas hace unos 250 años. Producen fruta durante todo el año y se han convertido en uno de los alimentos más populares del Caribe.

Anacardo
(Anacardium occidentale)

Originarios de América del Sur, los anacardos se demandan tanto que se han plantado los árboles por todo el Caribe.

Revienta caballos
(Hippobroma longiflora)

La savia de esta planta aparentemente inofensiva es tan venenosa que hay que tocarla con guantes.

Uvero *(Coccoloba uvifera)*

Estos árboles crecen cerca de la playa en la mayoría de las islas del Caribe. Son de los pocos árboles que pueden prosperar en la arena de las playas.

AMÉRICA DEL SUR

Alrededor de un tercio de todas las plantas conocidas de la Tierra se encuentran en América del Sur. Posee la mayor diversidad vegetal de todos los continentes, con más de 100 000 especies registradas hasta la fecha. La cifra es tan alta porque tiene una impresionante variedad de hábitats; la selva amazónica, la cordillera de los Andes, las praderas y los desiertos ofrecen condiciones muy diferentes para plantas y animales.

América del Sur se pobló hace unos 12 000 años, lo que supone un periodo muy corto en la historia de nuestra especie. Los seres humanos descubrieron plantas desconocidas que proporcionaban alimentos, medicinas y materiales de construcción, como los utilizados para construir las fantásticas aldeas flotantes del lago Titicaca, y algunos productos vegetales que antes solo se conocían en su lugar de origen (como la piña y las nueces de Brasil) llegaron al otro lado del mundo.

1 VENEZUELA-LAS GUAYANAS: NENÚFAR GIGANTE DEL AMAZONAS

Casi tan sabrosas como para comérselas, ¡las flores del nenúfar gigante huelen a piña!

2 COLOMBIA: MANGLARES

Los extraordinarios bosques de manglares son un hábitat de «carbono azul». Esto significa que atrapan el carbono y ayudan a combatir el cambio climático.

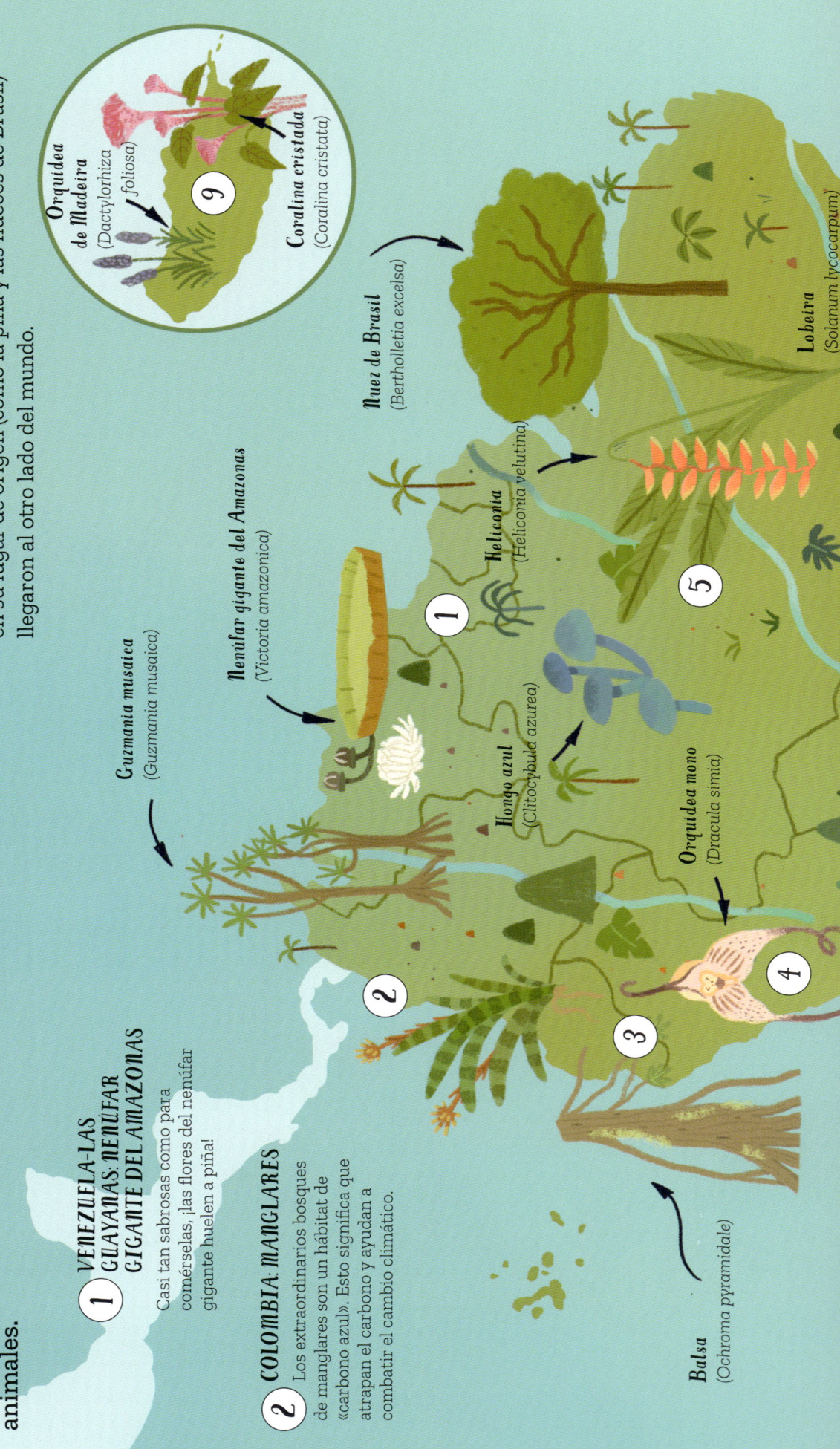

Orquídea de Madeira
(Dactylorhiza foliosa)

Coralina cristada
(Coralina cristata)

Nuez de Brasil
(Bertholletia excelsa)

Lobeira
(Solanum lycocarpum)

Heliconia
(Heliconia velutina)

Nenúfar gigante del Amazonas
(Victoria amazonica)

Guzmania musaica
(Guzmania musaica)

Hongo azul
(Clitocybula azurea)

Orquídea mono
(Dracula simia)

Balsa
(Ochroma pyramidale)

③ ECUADOR: BALSA

De crecimiento superrápido, la madera de balsa es ligera, flexible y resistente. ¡Descubre el secreto de cómo consigue crecer tan deprisa!

④ PERÚ: LOS ANDES

En las altas cimas de los Andes hace mucho frío y cultivar alimentos es muy complicado. Aquí hay plantas para calentarse o cocinar, así como tubérculos, que pueden crecer con muy poca tierra.

⑤ BRASIL: SELVA TROPICAL DEL AMAZONAS

El Amazonas está tan densamente arbolado que los rayos del sol no pueden traspasarlo y el suelo está en penumbra. La lluvia tarda aproximadamente 10 minutos en llegar del dosel al suelo.

⑥ PERÚ-BOLIVIA: LAGO TITICACA

Imagina un pueblo flotante en el que las casas, los barcos y las propias islas están hechos de juncos. Así es la vida en el lago Titicaca.

⑦ ARGENTINA-BOLIVIA-BRASIL-PARAGUAY: EL GRAN CHACO

El Gran Chaco es una región con pocos árboles y cielos despejados. Alberga animales adaptados a la sequía y plantas resistentes que evitan ser comidas desarrollando espinas y hojas con bordes afilados.

⑧ CHILE-ARGENTINA: ARAUCARIA

¡Las inmensas araucarias compartieron la Tierra con los dinosaurios! Definitivamente, estos árboles no son para trepar.

⑨ OCÉANO ATLÁNTICO: MADEIRA

Esta isla es un hermoso lugar con preciosas vistas y fragantes olores, pero en la antigüedad fue un enorme bosque.

Las islas suelen tener una menor variedad vegetal debido a su aislamiento, pero no es el caso de Madeira. La posición de la isla en medio del Atlántico ha hecho que miles de barcos recalaran en ella para reabastecerse de alimentos y agua. Muchos llevaban plantas y semillas tanto de África como de América del Sur. Algunas de ellas siguen creciendo hoy en día, produciendo una variedad de flores de ensueño. Por eso Madeira también es conocida como el «jardín flotante».

Totora
(Schoenoplectus californicus)

Araucaria
(Araucaria araucana)

Lumero de la Pampa
(Cortaderia selloana)

VENEZUELA Y LAS GUAYANAS: NENÚFAR GIGANTE DEL AMAZONAS

El nenúfar gigante del Amazonas (*Victoria amazonica*) es una de las maravillas naturales de América del Sur. Sus hojas pueden medir 3 m de ancho y soportar el peso de un niño pequeño. Crecen hasta cubrir toda la superficie de un río, de orilla a orilla. Las hojas son la parte visible del nenúfar, y están ancladas a tallos y raíces bajo el agua. Las raíces crecen en el lecho del río hasta 10 m por debajo, y las hojas flotan; su envés espinoso atrapa el aire que las ayuda a flotar.

Canalones
Cada hoja tiene un surco que permite la salida del agua de lluvia; sin él, la hoja se hundiría.

Hojas espinosas
Las hojas tienen el borde cubierto de espinas para disuadir a los peces de mordisquearlas.

Escarabajo
(Scarabaeidae)
Los escarabajos llevan el polen de una flor a otra.

¡A salvo!
Como los caimanes son caníbales, los jóvenes se suben a las hojas de los nenúfares para protegerse de los adultos que están cerca.

¡A cubierto!
Los peces se esconden a la sombra de las hojas flotantes del nenúfar cuando avistan a un pájaro con malas intenciones.

Los nenúfares han evolucionado junto a un grupo de escarabajos (*Scarabaeidae*). El néctar de la planta proporciona alimento a los escarabajos y, a cambio, estos polinizan los nenúfares. Si uno de ellos se extinguiera, el otro probablemente también desaparecería. Todos los nenúfares florecen al mismo tiempo, desprendiendo un fuerte olor que atrae a los escarabajos desde una gran distancia.

Mar Caribe

Océano Atlántico

Surinam

Guayana Frnacesa

Venezuela

Guyana

Colombia

Brasil

Garcita azulada
(Butorides striata)
Las hojas flotantes son una plataforma de caza ideal para las garzas que buscan peces.

Flores trampa
Las flores se cierran al amanecer y dejan atrapados a los escarabajos polinizadores hasta la noche siguiente.

Esqueleto submarino
El envés de la hoja del nenúfar es una complicada disposición de las ramas del tallo, que funcionan como un esqueleto para mantener fuerte la hoja.

Floración nocturna
Las flores blancas se abren por la noche y viven solo tres días. Una vez que han liberado el polen, se vuelven de color rosa.

Palmera azai
(Euterpe oleracea)
Estas palmeras crecen al borde de los manglares y producen unos 900 frutos al año. Parecen y saben a moras.

COLOMBIA: MANGLARES

Los manglares tropicales de Colombia prosperan en condiciones que acabarían con la mayoría de las plantas. Hay al menos 50 especies de mangles y crecen en agua salada, en la estrecha franja de lodo que se forma entre la marea alta y la baja.

Guzmania
(Guzmania musaica)
Evita la sal viviendo en lo alto del tronco de otros árboles. Es una epifita.

Tigrillo
(Leopardus tigrinus)
También se le llama «leopardo tigre». Es un depredador tímido y nocturno.

Semillas puntiagudas
Las semillas del mangle son largas y puntiagudas, como lanzas. Caen de las ramas al fértil lodo que hay debajo.

Hocó cuellinudo
(Tigrisoma mexicanum)
Esta garza es especialista en cazar cangrejos.

Mate de costa
(Canavalia rosea)
Es una enredadera que trepa por los mangles.

La reserva ecológica de los manglares de la provincia colombiana de Esmeraldas da cobijo a especies únicas de fauna y flora. Con la marea alta, los manglares se asientan en aguas profundas. Cuando la marea baja, deja al descubierto las raíces aéreas en forma de zancos que ayudan a sostener los árboles y absorben el oxígeno del aire.

Sobrevivir en este hábitat de mareas depende de la tolerancia a la sal. Muchas plantas mueren si sus raíces quedan atrapadas en agua salada, pero no ocurre lo mismo con los manglares, que filtran la sal, impidiendo que penetre en las raíces, o bien «sudan» la sal a través de las hojas. Los bosques de manglares también protegen las costas de la erosión de las mareas.

Panamá

Venezuela

Manglares

Colombia

Ecuador

Brasil

Perú

Mangle blanco (*Avicennia germinans*)
Crece justo por encima de la marea alta en los bosques de manglares. No tolera tan bien la sal como otras especies.

Cocodrilo americano
(*Crocodylus acutus*)
Los cocodrilos americanos viven en la costa, en agua salada, y cazan en los manglares.

Mangle botoncillo
(*Conocarpus erectus*)
Este mangle produce racimos de frutos parecidos a botones de madera.

Cangrejo de mangle (*Aratus pisonii*)
Con la marea baja, el suelo queda a la vista y los cangrejos de mangle aprovechan para cazar. Cuando sube la marea, se encaraman a los árboles, lejos del agua.

ECUADOR: BALSA

El bosque del río Guayas, en el oeste de Ecuador, es un bosque tropical seco que acoge un árbol muy especial: la balsa. Se trata de una especie autóctona que proporciona una de las maderas más ligeras y resistentes del mundo. Se utiliza para fabricar barcos y tablas de surf, y, en el pasado, para construir también el armazón de los aviones.

Kinkajú (Potos flavus)
Los kinkajús son pequeños mamíferos nocturnos que viven en la copa de los árboles. Utilizan su increíble lengua de 13 cm para alimentarse de néctar y son el principal polinizador de las flores de la balsa.

Tucán del Chocó (Ramphastos brevis)
El fruto de la balsa es el alimento preferido de estos tucanes, que suelen anidar en el interior de los troncos podridos de ejemplares viejos.

Flores cargadas de néctar
Las flores de la balsa producen enormes cantidades de néctar. Cada flor contiene un depósito de néctar de 2,5 cm de profundidad.

Hojas grandes
Los árboles jóvenes tienen las hojas muy grandes, lo que acelera la fotosíntesis y aumenta la velocidad de crecimiento.

La balsa crece mucho más rápido que otros árboles ya que su madera contiene enormes células llenas de agua. La madera de balsa verde (sin procesar) cortada de árboles vivos es muy pesada porque las células están aún muy húmedas; el 75 % de su peso es agua. La balsa tiene que estar completamente seca antes de volverse ligera y fácil de cortar.

Estos árboles pueden vivir 40 años, pero se talan hacia los 8 años. Solo los ejemplares jóvenes producen madera blanda. Las balsas más viejas se vuelven duras y la madera blanda original se pudre.

Carpintero café
(Dryobates fumigatus)

En el tronco blando de los árboles jóvenes viven insectos que perforan la madera, por lo que son un terreno de caza ideal para los pájaros carpinteros.

Bosque del río Guayas

Ecuador

Semillas voladoras

Los árboles de balsa producen vainas que contienen cientos de semillas envueltas en una lana amarillenta y sedosa que el viento arrastra por el bosque.

Avión de juguete

La resistencia y ligereza de la madera de balsa la convierten en un material de construcción perfecto para el modelismo. Ecuador produce la mayor parte de la balsa utilizada para este fin.

Estructura de la madera

Al microscopio, la madera de balsa está llena de agujeros de aire.

Madera seca

La palabra «balsa» hace también referencia a un tipo de embarcación. La balsa seca flota mejor que cualquier otra madera. Actualmente, la mayoría de la madera de balsa se seca comercialmente en hornos.

PERÚ: LOS ANDES

Los Andes son la cadena montañosa más larga del mundo. Recorren de norte a sur Sudamérica, desde el trópico hasta casi la Antártida. Las altas montañas peruanas están cerca de la selva baja amazónica, donde la temperatura puede alcanzar los 40 °C. Arriba, en las montañas, los 3750 m de altitud producen un hábitat que se parece más al del Ártico, sobre todo por la noche. Las plantas aquí crecen a poca altura del suelo y los árboles son escasos. Los fuertes vientos dañan las plantas altas, por lo que solo las especies bajas y resistentes pueden sobrevivir entre las laderas rocosas del altiplano que los lugareños llaman «Tierra helada».

En cambio, los valles más bajos y abrigados están protegidos de lo peor del clima de montaña y albergan un número mucho mayor de plantas. De hecho, los Andes tienen incluso algunos pequeños bosques de baja altitud.

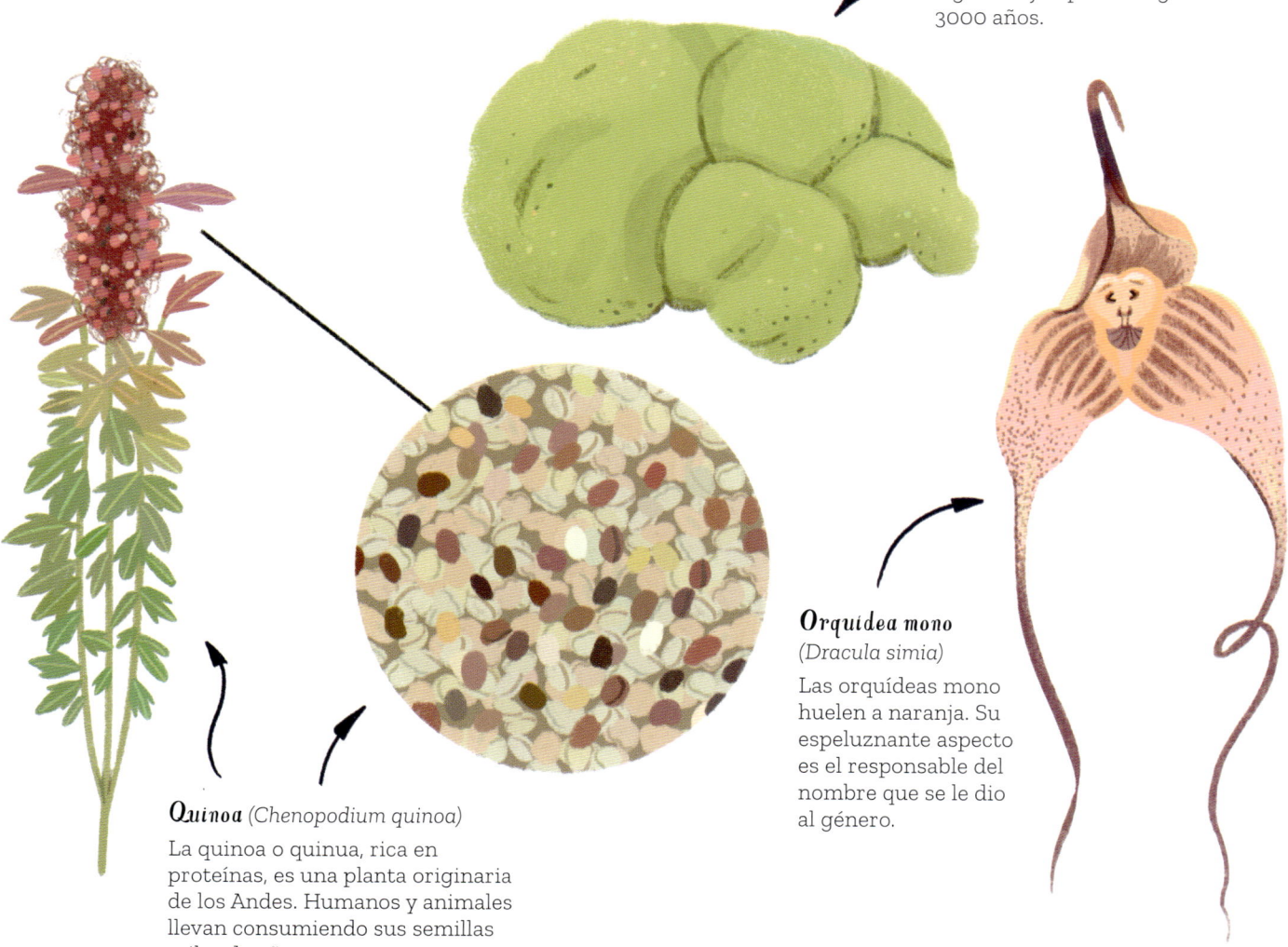

Yareta *(Azorella compacta)*
La extraña yareta vive a gran altitud. En condiciones frías, solo crece 1,5 cm al año. Se cree que algunos ejemplares llegan a vivir 3000 años.

Orquídea mono
(Dracula simia)
Las orquídeas mono huelen a naranja. Su espeluznante aspecto es el responsable del nombre que se le dio al género.

Quinoa *(Chenopodium quinoa)*
La quinoa o quinua, rica en proteínas, es una planta originaria de los Andes. Humanos y animales llevan consumiendo sus semillas miles de años.

Oreja de liebre
(Culcitium canescens)

Las hojas peludas de las plantas oreja de liebre se utilizan tradicionalmente para encender fuego.

Viejo de los Andes
(Oreocereus celsianus)

Este cactus está cubierto de pelos largos y blancos que recuerdan a una barba desgreñada. Estos filamentos protegen al cactus del frío y de la intensa luz solar de las altas montañas.

Cantuta *(Cantua buxifolia)*

La cantuta o flor del inca es la flor nacional de Perú.

Puya *(Puya raimondii)*

La puya es una planta rara que florece por primera vez a los 80 años. Las flores brotan en un tallo largo que puede alcanzar 15 m de altura. Tras la floración, la planta muere.

Yuca *(Manihot esculenta)*

La yuca o mandioca puede sobrevivir en terrenos secos y rocosos con muy poca tierra. Las raíces duras y gruesas son un tubérculo que se puede consumir tanto cocido como en forma de harina.

Dinizia *(Dinizia excelsa)*

Algunos árboles crecen mucho más allá del dosel. Pueden alcanzar una altura de 70 m y forman la capa más alta de la selva, la capa emergente.

BRASIL: SELVA TROPICAL DEL AMAZONAS

Brasil es el país con mayor biodiversidad de la Tierra, y la selva amazónica es su hábitat estrella. Tiene aproximadamente la mitad del tamaño de Europa y contiene alrededor del 20 % de todas las especies vegetales conocidas.

Nuez de Brasil *(Bertholletia excelsa)*

El nombre de este árbol, nuez o coquito de Brasil, hace referencia al fruto. Los monos capuchinos consiguen abrir su dura cáscara con una piedra.

Flor de luna amazónica *(Strophocactus wittii)*

Las flores de luna son una de las tres únicas especies de cactus que crecen en la selva tropical. Sus flores blancas se abren por la noche.

Hongo azul *(Clitocybula azurea)*

Los hongos son una parte del bosque de vital importancia. Ayudan a descomponer los árboles caídos para que sus nutrientes puedan volver al ecosistema.

Cacao *(Theobroma cacao)*

Es el árbol más conocido del Amazonas. Con sus semillas, las habas de cacao, se obtiene el rico chocolate.

Venezuela
Colombia
Ecuador
Perú
Selva tropical del Amazonas
Bolivia
Brasil
Paraguay

Labios ardientes *(Palicourea elata)*

Estos llamativos labios rojos son unas hojas especiales, llamadas «brácteas», que atraen a los insectos para que policinen las diminutas flores de su interior.

Liana

Las lianas o bejucos son enredaderas leñosas que trepan por los árboles para alcanzar el dosel.

Las plantas de la selva tropical viven en los distintos niveles del bosque, o capas. La capa del suelo tiene hongos que descomponen la materia vegetal. La mayoría de las plantas tienen las raíces ancladas en el suelo, pero intentan alcanzar la luz en lo alto. Crecen en la capa intermedia, el sotobosque, y producen una masa de hojas diseñadas para captar toda la luz solar disponible. La capa más alta es el dosel, donde incide la luz solar. Es aquí donde se encuentra la mayor parte de la fruta, las flores y los animales. Por encima está la capa emergente, donde se posan aves como las águilas. Cuando uno de los árboles muere, los árboles cercanos se lanzan a la carrera para alcanzar el hueco dejado en el dosel.

Camu-camu
(Myrciaria dubia)
La fruta del camu-camu se parece a las cerezas. Contiene la mayor proporción de vitamina C de todas las frutas conocidas.

Sabrosas nueces
Nueces de Brasil listas para ser abiertas.

Parkia *(Parkia pendula)*
Este árbol es capaz de sobrevivir muchas semanas con las raíces anegadas en el bosque inundado.

Ayahuma
(Couroupita guianensis)
Sus frutos redondos parecen balas de cañón oxidadas. Son el alimento preferido de los pecaríes *(Tayassuidae)*, que diseminan las semillas con sus excrementos.

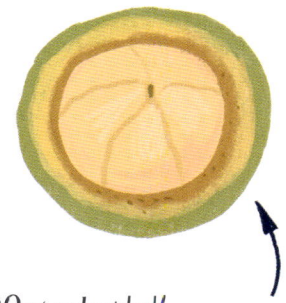

¡Qué velocidad!
Las nueces de Brasil crecen en vainas que pueden pesar 2 kg y que alcanzan una velocidad de 80 km/h cuando caen al suelo.

Heliconia *(Heliconia velutina)*
Los pueblos de la selva tropical utilizan las hojas de la heliconia para envolver y cocinar o almacenar alimentos.

Cepillo de mono
(Combretum rotundifolium)
Estas flores producen mucho néctar, imprescindible para colibríes y mariposas.

Al rico cacao
Una vaina contiene hasta 50 habas, que se secan antes de transformarse en chocolate.

Comestible

La parte más gruesa de los tallos de totora se mastica para extraer un líquido refrescante y dulce.

PERÚ Y BOLIVIA: LAGO TITICACA

El Titicaca es el mayor lago de agua dulce de América del Sur y el hogar de los uros, un pueblo indígena cuyas casas e islas flotantes están fabricadas con juncos de totora (*Schoenoplectus californicus* subsp. *tatora*), una planta que crece en el lago.

Viviendas de cañas

La mayoría de las casas de totora trenzada tienen ahora electricidad suministrada por paneles solares.

Flores de totora

Los juncos florecen en verano; sin embargo, la mayoría se reproducen mediante unos brotes verticales que surgen de las raíces sumergidas.

Sietecolores

(Tachuris rubrigastra)

Este llamativo pájaro vive entre los juncos, donde construye su nido. Se alimenta de insectos que se esconden en los cañaverales.

Cobaya *(Cavia porcellus)*

Los uros crían cobayas o cuyes para alimentarse. No están encerrados en corrales, sino que corren libremente por las islas.

La totora puede alcanzar los 6 m de altura. Para hacer las islas, los juncos se cortan y se colocan sobre una balsa de raíces que puede tener 2 m de grosor, a la que se le van añadiendo regularmente nuevas capas. Hay unas 70 islas, algunas con escuelas a las que se llega en barco.

Los fuertes vientos de montaña crean olas que erosionan las islas, y existe riesgo de incendios durante la estación seca. Cada isla dura unos diez años. Como el pescado es una parte importante de la dieta, las islas se remolcan a distintas partes del lago en busca de mejores zonas de pesca.

Lago Titicaca

Perú

Bolivia

Barca de juncos
Las grandes barcas de juncos pueden albergar hasta 20 personas. Se utilizan para pescar o recorrer largas distancias.

Caballitos de totora
Estas barcas unipersonales se utilizaban para pescar. Se llaman así porque el pescador se colocaba a horcajadas sobre la barca como si fuera a caballo. Hoy en día se utilizan para surfear las olas.

Pato puna (Spatula puna)
Estas aves viven en la orilla del lago, por lo que pueden esconderse entre los juncos si se ven amenazadas.

Rana gigante del lago Titicaca
(Telmatobius culeus)
Estas ranas parecen tener la piel tres tallas más grandes que el cuerpo.

Zampullín del Titicaca
(Rollandia microptera)
Es un ave que solo vive en unos pocos lagos de gran altitud y ha perdido la capacidad de volar.

ARGENTINA, BOLIVIA, BRASIL Y PARAGUAY: EL GRAN CHACO

El Gran Chaco es una llanura de tierras bajas con pastizales y matorral. Se trata de una formación aluvial, lo que significa que se ha ido formando con los sedimentos de los ríos. *Chacu*, en quechua, significa «montería con ojeo», el tipo de caza que practicaban los indígenas estrechando en círculo a la presa, y refleja el gran número de animales que pastan aquí.

Es un importante hábitat de sabana, donde predominan las hierbas junto con algunos árboles dispersos. Los pastizales constituyen alrededor de un tercio de la superficie terrestre y, en América del Sur, están amenazados por el pastoreo de ganado y las plantaciones de soja.

La llanura del Chaco tiene una de las temperaturas más altas del continente, y las plantas que aquí prosperan han de ser capaces de soportar el intenso calor. Dos ríos permanentes atraviesan la llanura y las zonas más próximas a ellos contienen mayor variedad de vida vegetal y un rico bosque.

Venado de las Pampas
(Ozotoceros bezoarticus)
Vive entre las hierbas altas, y se levanta sobre las patas traseras para otear por encima de ella.

Lapacho rosado
(Handroanthus impetiginosus)
La abundancia de néctar de sus preciosas flores rosas atrae a las abejas, cuya miel luego aprovecha la población local.

Pasionaria
(Passiflora caerulea)
Es la flor nacional de Paraguay.

Marcela
(Achyrocline satureioides)
Las flores secas de marcela se queman durante las bodas para perfumar el ambiente.

Piña *(Ananas comosus)*
Esta deliciosa fruta tropical, que se cultivaba en la cuenca del río de la Plata, se difundió por Europa en el siglo XVI.

Cortadera *(Cortaderia selloana)*

Crece hasta 3 m de altura. El borde de las hojas está afiladísimo; de ahí su nombre.

Yerba mate
(Ilex paraguariensis)

Se toma como infusión en Paraguay, Argentina y Brasil. También se emplea en refrescos comerciales.

Lobeira *(Solanum lycocarpum)*

El fruto de la lobeira es el principal alimento del lobo de crin o aguará guazú. Las semillas de los árboles se dispersan con los excrementos de este lobo.

Celbo *(Erythrina crista-galli)*

Estos árboles, cuya flor es la flor nacional de Argentina y Uruguay, crecen siempre junto a los ríos.

Espina amarilla
(Berberis laurina)

Está armada con hileras de afiladas espinas para disuadir a los ciervos hambrientos.

Ombú *(Phytolacca dioica)*

Los ombús son los árboles más grandes de las pampas. Tienen una madera blanda y esponjosa que se puede cortar con un cuchillo.

Aguará guazú
(Chrysocyon brachyurus)

Este animal come lobeiras. Es principalmente vegetariano.

Jacinto de agua
(Pontederia crassipes)

Esta planta flota en la superficie del agua, desplazándose fácilmente a nuevas zonas. Es muy invasiva.

CHILE Y ARGENTINA: ARAUCARIA

Las araucarias son árboles tan antiguos que se consideran fósiles vivientes. Aparecieron hace unos 200 millones de años y se cuentan entre las especies arbóreas más antiguas conocidas. Están cubiertas por hojas en forma de agujas duras y afiladas. Algunos expertos creen que las hojas evolucionaron así para impedir que los dinosaurios se las comieran.

El Parque Nacional Conguillío, en Chile, alberga un bosque de araucarias (*Araucaria araucana*), árbol que también se conoce como «pino araucano».

En los bosques de araucarias de Chile hay ejemplares gigantes con 1000 años de antigüedad y una altura de 40 m. Fuera de esta zona, la mayoría de los árboles aún no han alcanzado su pleno crecimiento.

Araucaria
(Araucaria araucana)
En América del Sur, las araucarias crecen ahora solo en unos pocos bosques.

Refugio escocés
Algunas zonas de Escocia tienen un suelo y unas condiciones climáticas ideales para las araucarias. En una cañada secreta se han plantado más de 40 árboles para ayudar a crear una población de reserva de esta rara especie.

Pino Paraná
(Araucaria angustifolia)
Es un pariente cercano de las araucarias. Comparte el mismo hábitat y está en peligro crítico de extinción.

Jabalí *(Sus scrofa)*
Es un animal introducido desde Europa. Se come muchas de las semillas caídas antes de que tengan la oportunidad de germinar.

Estos bosques están amenazados por el pastoreo del ganado, la recolección excesiva de sus semillas comestibles y los incendios forestales, algunos de los cuales han llegado a destruir más de un millón de árboles.

Océano Pacífico

Parque Nacional Conguillío

Chile

Argentina

Océano Atlántico

Semillas comestibles
Las semillas, o piñones, formaban parte de la dieta tradicional de los habitantes de la zona.

Loro choroy
(Enicognathus leptorhynchus)
Estos loros utilizan su pico largo y fino para coger los piñones.

Hojas longevas
Las ramas de la araucaria están cubiertas de agujas afiladas y triangulares que permanecen en el árbol durante 20 años.

Polen lejano
Las flores son polinizadas por el viento, que puede transportar el polen hasta 10 km de distancia.

Ratón de pelo largo
(Abrothrix longipilis)
Estos ratones recogen los piñones y los almacenan en el bosque para comérselos más tarde. A veces no vuelven y las semillas germinan y se convierten en nuevos árboles.

Conos con semillas
Las araucarias producen semillas dentro de enormes piñas redondas, llamadas «conos». Cada semilla o piñón mide unos 4 cm de largo.

Jacarandá *(Jacaranda mimosifolia)*

Los jacarandás proceden de América del Sur y se han plantado en muchas ciudades y pueblos de Madeira.

Cresta de gallo *(Digitalis sceptrum)*

Esta especie de dedalera crece en los bosques del centro de la isla.

Jazmín de las Azores *(Jasminum azoricum)*

Todas las tardes, las flores emiten una fragancia fuerte y dulce.

Orquídea de Madeira *(Dactylorhiza foliosa)*

Madeira tiene especies únicas de orquídeas. Esta es una de las muchas especies expuestas en el jardín de orquídeas de la isla.

Malfurada grande *(Hypericum grandifolium)*

Constituye una importante fuente de néctar para las mariposas de Madeira.

Orgullo de Madeira *(Echium candicans)*

Se trata de una planta bienal: le salen hojas el primer año, pero solo florece el segundo.

OCÉANO ATLÁNTICO: MADEIRA

Madeira es un archipiélago portugués situado en el océano Atlántico y forma parte de la placa africana. Las islas estuvieron deshabitadas hasta hace 600 años. Los primeros exploradores descubrieron un paisaje cubierto de densos bosques y lo llamaron Madeira, «madera» en portugués.

Tiene dos islas habitadas, que son la cima de un enorme volcán submarino que desciende 6 km hasta el fondo oceánico. El suelo volcánico contiene gran variedad de minerales necesarios para el crecimiento de la vegetación.

El clima es cálido y la pluviosidad, moderada. A lo largo de millones de años, el mar o las aves transportaron hasta allí distintos tipos de semillas, que crecieron en el fértil suelo y evolucionaron hasta convertirse en plantas que no se encuentran en otro lugar. Todos los años, en Madeira se celebra la fiesta de la flor.

Océano Atlántico

Madeira

Cresta de gallo
(Celosia argentea var. cristata)
Esta planta produce tanto néctar que gotea de sus flores de color rojo escarlata.

Uva verdejo
La uva se introdujo en Madeira en el siglo xv. Ahora hay muchas variedades diferentes.

Lirio de los valles *(Clethra arborea)*
Estos árboles tienen largas hileras de flores acampanadas que cuelgan de finos tallos.

ASIA

Asia es enorme. Es el continente más grande de todos y ocupa casi un tercio de la superficie terrestre. Allí están las montañas más altas y alberga a más de la mitad de los habitantes del planeta. En las cumbres del Himalaya no hay mucha vida, pero un notable número de plantas se ha adaptado a las condiciones del cercano desierto de Gobi; su clima frío y seco está determinado por las montañas que lo rodean. La vida de las plantas siempre es difícil en el desierto. Gran parte del desierto de Arabia carece de vida, pero sus oasis son ricos hábitats con distintos tipos de vegetación, y lugares importantes para los humanos y la fauna.

En cuanto a biodiversidad vegetal, nada puede rivalizar con las selvas tropicales. Las del sudeste asiático contienen muchas especies endémicas y producían algunos de los artículos más codiciados y caros del mundo: las especias; de hecho, las islas Molucas eran conocidas como las «islas de las especias».

Asia es también el lugar de origen de muchas de las frutas más populares: manzanas, plátanos, granadas e higos. Han proporcionado alimento a los humanos durante miles de años y siguen siendo cultivos importantes en el siglo XXI. En Japón, se respeta tanto a los árboles que uno de ellos, el cerezo, tiene incluso su propia fiesta cada primavera.

1 JAPÓN: CEREZOS EN FLOR

En Japón, la flor del cerezo es tan importante que tiene su propia festividad en primavera. Los fósiles evidencian que los primeros cerezos aparecieron hace 44,3 millones de años.

2 CHINA-MONGOLIA: DESIERTO DE GOBI

El de Gobi es un desierto frío y salobre. Sin embargo, incluso en estas condiciones extremas hay plantas que prosperan. Algunas «roban» los nutrientes de las raíces de plantas vecinas, y otras se dejan llevar por el viento para dispersar sus semillas.

Cerezo japonés
(Prunus jamasakura)

Seidlitzia
(Seiditzia stocksii)

Morilla
(Morchella esculenta)

Alerce de Siberia
(Larix sibirica)

Manzana
(Malus spp.)

Granada
(Punica granatum)

Albaricoque
(Prunus armeniaca)

Canela
(*Cinnamomum cassia*)

Musgo negro

Puerro silvestre
(*Allium tricoccum*)

Palma aceitera
(*Elaeis guineensis*)

9

Vainilla
(*Vanilla planifolia*)

Taray
(*Tamarix arceuthoides*)

Madera

8

4

Plátano
(*Musa spp.*)

7

Palmera datilera
(*Phoenix dactylifera*)

6

9 ⬡ ISLAS DEL SUDESTE ASIÁTICO

¿Más pimienta en tu guiso? ¿Cuánta canela en las natillas? ¿Alguien quiere un café? Los productos de la selva tropical están presentes en nuestra vida de muchas formas.

8 ⬡ TAILANDIA: ORQUÍDEAS

Las increíbles orquídeas tienen formas realmente ingeniosas de atraer a los polinizadores. Algunas especies están tan especializadas que atraen a un solo tipo de insecto.

7 ⬡ SUR DE ASIA: PLÁTANOS

¿Crees que todos los plátanos son amarillos? ¿Sí? ¡Piénsalo otra vez! Solo algunos lo son, ¡los hay también rojos y azules!

6 ⬡ ORIENTE PRÓXIMO: DESIERTO DE ARABIA

Los oasis del desierto fueron algunos de nuestros primeros huertos. Los pueblos nómadas cuidaban los frutos que allí crecían mientras cruzaban el desierto, yendo de pozo en pozo.

5 ⬡ TURQUÍA-EL CÁUCASO: GRANADAS

La granada, una de las primeras frutas cultivadas por el ser humano, tiene un lugar importante en muchas culturas y cocinas.

4 ⬡ KAZAJISTÁN: MANZANAS

Las manzanas, dulces o ácidas, se consumen en todo el mundo. Pueden ser rojas, verdes, amarillas o rosas, y su tamaño varía entre el de un pomelo y el de una pelota de golf. Pero ¿de dónde vienen y cómo hemos conseguido tantas variedades?

3 ⬡ RUSIA: BOSQUES VÍRGENES DE KOMI

Komi forma parte del antiguo bosque boreal. Bajo los árboles hay hongos que parecen dedos y plantas que se queman para alejar a las brujas.

JAPÓN: CEREZOS EN FLOR

Cada primavera, millones de personas celebran el *hanami*, la fiesta de los cerezos en flor de Japón. Estos árboles florecen solo dos semanas al año, entre marzo y mayo, y el momento depende de las condiciones meteorológicas. En primavera, la previsión del tiempo de la televisión japonesa incluye la sección: «Los cerezos en flor», que da detalles de cuándo se espera que ocurra.

Todo un espectáculo
Las flores del cerezo pueden ser blancas, rosa intenso y, ocasionalmente, amarillas.

Anteojito japonés (Zosterops japonicus)
Los anteojitos se alimentan de insectos atraídos por el néctar de las flores del cerezo.

Belleza urbana
Hay cerezos en la mayoría de las ciudades y pueblos japoneses.

Japón

Ciervo sika (Cervus nippon)
Durante unas semanas en primavera, manadas de ciervos sika se reúnen bajo los cerezos en flor: saben que los visitantes les van a dar de comer.

El *hanami* comenzó hace unos 1200 años. Las primeras fiestas probablemente rendían homenaje al cerezo autóctono japonés (*Prunus jamasakura*), llamado *sakura*; desde entonces, se han desarrollado más de 600 variedades. Los cerezos son los árboles más importantes de Japón. Las representaciones de su flor se utilizan en tejidos y en el arte, el cine y la literatura.

Durante el *hanami*, la gente se reúne bajo los cerezos en flor y celebran meriendas y fiestas. Por la noche, se cuelgan linternas de papel de los árboles para que los visitantes puedan ver las flores al anochecer. La mayoría visita los cerezos al menos una vez durante esta festividad.

Bulbul orejipardo
(*Hypsipetes amaurotis*)
El chirrido agudo del bulbul se escucha durante toda la primavera.

Saxaúl *(Haloxylon ammodendron)*

Este árbol puede salvar vidas. Tiene una corteza blanda que almacena agua como una esponja: los viajeros sedientos pueden apretarla y beber de ella.

Sófora arbustiva
(Sophora flavescens)

Los científicos están investigando la sófora arbustiva, ya que contiene sustancias químicas únicas que podrían tratar enfermedades cardiacas.

Escamonea
(Convolvulus ammonia)

Es una de las pocas plantas con flor del desierto de Gobi.

Nitraria de Gobi
(Nitraria sibirica)

Las bayas maduras se recogen, se secan y se almacenan para el invierno.

Simbiosis de bacterias
Fat choy en crecimiento.

Sabrosa verdura
El fat choy se puede comer.

Alimento en madejas
El fat choy seco parece un estropajo.

Fat choy
(Nostoc flagelliforme)

El fat choy es una bacteria que se utiliza como verdura en la cocina china. Forma un musgo negro importante para proteger el Gobi, pues ayuda a prevenir la erosión del suelo.

CHINA Y MONGOLIA: DESIERTO DE GOBI

El desierto de Gobi cubre gran parte de Mongolia y parte del norte de China. Azotado por fuertes vientos, en algunas zonas toda la tierra y la arena han sido arrastradas y solo quedan rocas desnudas. En primavera, se producen gigantescas tormentas de arena amarilla. Cuando el polvo aterriza, cubre el suelo y el paisaje desértico se va extendiendo lentamente.

No todos los desiertos son cálidos: algunos son extremadamente fríos, como el desierto de Gobi, con temperaturas que pueden descender hasta −40 °C por la noche. Los desiertos son lugares donde no llueve a menudo, y el Gobi tiene zonas en las que no ha llovido durante muchos años. En la mayoría de la superficie terrestre, las sales naturales de las rocas subterráneas ascienden a la superficie y la lluvia las arrastra, pero, en el seco Gobi, forman gruesas costras de sal donde solo unas pocas plantas especializadas pueden sobrevivir.

Mongolia

Desierto de Gobi

China

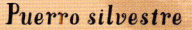

Puerro silvestre
(Allium tricoccum)
Los camellos bactrianos se crían en el Gobi para la producción de leche. A veces comen tantos puerros silvestres que la leche sabe a ellos.

Cebolla silvestre
(Allium polyrhizum)
Las cebollas silvestres crecen bien en zonas secas y rocosas, y son comestibles.

Taray
(Tamarix arceuthoides)
Los tarays crecen en las orillas de los escasos arroyos del Gobi.

Goyo *(Cynomorium songaricum)*
Los goyos no contienen clorofila, por lo que no pueden realizar la fotosíntesis. Son plantas parásitas: toman los nutrientes de las raíces de otras plantas.

Cistanche
(Cistanche deserticola)
Algunas personas creen que los tallos secos de esta planta pueden mejorar la memoria.

Enebro *(Juniperus communis)*
Antaño se creía que quemar ramas de enebro mantenía las casas a salvo de las brujas.

Alhelí de Pallas *(Erysimum pallasii)*
Crece en lugares muy rocosos, donde no compite con otras plantas.

RUSIA: BOSQUES VÍRGENES DE KOMI

Los espectaculares bosques de Komi son Patrimonio de la Humanidad de la UNESCO y forman parte de la taiga de los montes Urales, en el norte de Rusia, entre Asia y Europa. Komi es una vasta extensión de bosque antiguo que prácticamente no ha sido modificado por la actividad humana. Pocas carreteras lo atraviesan y el aire y los ríos están muy limpios. La contaminación puede dañar la vegetación, pero la ausencia de productos químicos artificiales permite a Komi mantener su elevada biodiversidad.

Las temperaturas invernales pueden descender hasta −40 °C y la nieve permanece en el suelo unos siete meses al año. Los árboles dominantes son la poderosa pícea, el abeto y el alerce siberianos. Komi forma parte del bosque boreal, que es el mayor bioma del mundo, o comunidad de plantas y animales que viven en un clima similar. Se ha descubierto oro en el subsuelo y ha habido distintos planes para iniciar una explotación minera que podría implicar la tala de árboles y amenazar la salud del bosque, pero su estatus de Patrimonio de la Humanidad lo protege por el momento.

Cerezo alisio
(Prunus padus)
El fruto tiene un sabor amargo para las personas, pero los pájaros lo disfrutan.

Alerce de Siberia
(Larix sibirica)
Produce un líquido pegajoso, la resina, que protege la corteza dañada contra las infecciones.

Grosellero negro
(Ribes nigrum)
Además de tener unos frutos muy sabrosos, este arbusto puede utilizarse para fabricar un tinte natural para los tejidos.

Acedera de montaña *(Oxyria digyna)*
Fue una de las primeras plantas que crecieron tras el deshielo de los glaciares al final de la última glaciación. ¡Se ha encontrado polen de 12 000 años de antigüedad!

Culantrillo blanco
(Cystopteris fragilis)

Este helecho solo crece en zonas resguardadas porque el tallo se rompe con facilidad.

Abedul
(Betula pendula)

Los abedules proporcionan alimento al menos a 500 especies de insectos.

Océano Ártico

Bosques
Vírgenes
de Komi

Rusia

Dedos de hada
(Clavaria fragilis)

La parte fructífera de este hongo sobresale del suelo durante poco tiempo.

Pincel ártico
(Castilleja elegans)

Esta planta se llama así porque sus hojas parecen pinceles mojados en pintura.

Helecho alpino de acantilado
(Woodsia alpina)

Estos helechos se encuentran en todas las regiones árticas del planeta.

Calta palustre
(Caltha palustris)

A esta calta le gusta crecer en prados húmedos.

Morilla *(Morchella esculenta)*

Se trata de la misma seta que crece en el Parque Nacional del Búfalo de los Bosques de Canadá. Muchas especies de hongos se han extendido a distintas partes del mundo.

KAZAJISTÁN: MANZANAS

En las montañas de Kazajistán crece una importante especie arbórea que está a punto de extinguirse: la manzana silvestre (*Malus sieversii*). Este árbol te resultará familiar porque es el antepasado de la mayoría de las manzanas modernas, que se cultivan en todo el mundo.

Los humanos comemos manzanas desde hace al menos 8000 años. Tras recolectarlas en las montañas, se almacenaban y transportaban lejos hasta llegar a convertirse en una de las frutas más extendidas. Son importantes en numerosas culturas, y hay muchas historias sobre ellas: aparecen en cuentos de hadas, en la mitología, ¡e incluso un fabricante de ordenadores ha adoptado su nombre!

Las semillas de la manzana casi siempre crecen con una forma ligeramente modificada, por eso en la actualidad hay más de 7000 variedades conocidas; sin embargo, sus orígenes se remontan probablemente a los bosques de Kazajistán, donde *alma* significa «manzana», y el nombre de la antigua capital, Alma Ata, quiere decir «abuelo de los manzanos».

Zorzal alirrojo (*Turdus iliacus*)

Las manzanas caídas son un alimento importante para las aves migratorias, como los zorzales alirrojos, que vuelan hacia el sur.

Frutas jugosas

Las manzanas tienen alrededor de un 85 % de agua y son una excelente fuente de vitamina C.

Recolección cuidadosa

Las manzanas de mesa suelen recogerse a mano para evitar que se magullen.

Oso pardo (*Ursus arctos*)

Antes de hibernar, los osos se alimentan de fruta caída y dispersan las semillas con sus excrementos.

Polinización

La mayoría de las flores del manzano empiezan siendo rosas y se van volviendo gradualmente blancas. Las abejas son sus principales polinizadores.

Semillas de vida

Las manzanas contienen una media de diez semillas.

Popular y deliciosa

La variedad «Red Delicious» fue descubierta por primera vez en 1872, y, desde 1968 a 2018, fue la variedad de manzana más cultivada en Estados Unidos.

Versátil y variada

Las manzanas modernas presentan una amplia gama de texturas y sabores. También tienen múltiples usos: pueden comerse crudas, como ingrediente en tartas o exprimidas en zumo.

TURQUÍA Y EL CÁUCASO: GRANADAS

El granado (*Punica granatum*) ocupa un lugar especial en muchas culturas. Es una planta tolerante a la sequía y probablemente apareció en la región de Irán. Inicialmente, los humanos recogíamos frutos de los arbustos espinosos que crecían silvestres. Pero, hace unos 5000 años, descubrimos cómo cultivar y mantener estos longevos árboles, convirtiéndolos en uno de los primeros frutales cultivados.

Los granados se conocen como *nar* en turco y son un cultivo importante para muchos agricultores. Se consideran también un símbolo de buena suerte: en Turquía y otros países mediterráneos, los recién casados rompen una granada en la puerta antes de entrar en su nueva casa, y en España han dado nombre a una de sus ciudades más bellas de Andalucía.

Bonsái

Los granados son uno de los bonsáis más comunes, obtenidos del arte de cultivar árboles en miniatura.

Agricultura familiar

La mayoría de los granados se cultivan en fincas familiares, donde todos participan en la cosecha.

Árbol sagrado

El granado es uno de los cuatro árboles sagrados del islam. Se dice que cada semilla es sagrada y produce una limpieza espiritual si se come.

Hermosas flores

Las abejas polinizan las flores del granado. Algunas variedades no producen frutos y solo se cultivan por sus bonitas flores.

Súper semillas

Antiguamente se creía que todas las granadas contenían exactamente 613 granos, pero en realidad puede ser cualquier número entre 200 y 600.

Melaza de granada

Cuando se hierve el zumo de granada, la mayor parte del agua se evapora y deja un líquido dulce llamado «melaza», un ingrediente común en la gastronomía de Oriente Medio.

Zumo saludable

Hay experimentos que demuestran que beber zumo de granada puede reducir la tensión arterial.

En la cocina

Las granadas se emplean también en ensalada, junto con naranja y escarola, y su melaza es ingrediente de sabrosas salsas, como la muhammara.

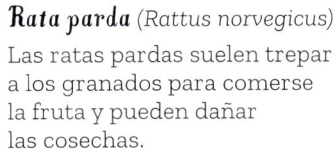

Urraca común *(Pica pica)*
Estornino rosado *(Pastor roseus)*

Las urracas y los estorninos rosados abren la dura piel de las granadas y se comen las semillas del interior.

Rata parda *(Rattus norvegicus)*

Las ratas pardas suelen trepar a los granados para comerse la fruta y pueden dañar las cosechas.

Carocapsa o polilla del manzano
(Cydia pomonella)

Las hojas de granado son el alimento principal de las orugas en crecimiento.

ORIENTE PRÓXIMO: DESIERTO DE ARABIA

El desierto arábigo es el mayor desierto de Asia. Aquí reina el sol y llueve muy poco; las temperaturas oscilan entre los 50 °C durante el día y bajo cero por la noche.

Parte de este desierto es un vasto erg, una zona de arena esculpida por los vientos en montículos llamados «dunas». Las plantas que viven en el erg suelen crecer en los oasis, que se forman allí donde los manantiales o ríos subterráneos emergen a la superficie. Estas zonas calman la sed de las aves migratorias que pasan por allí y, con el tiempo, sus excrementos contribuyen a crear tierra fértil cultivable. Hoy en día, en estos lugares extraordinarios se puede encontrar una gran variedad de plantas únicas y resistentes.

Rosa del desierto
(Adenium obesum)

Las gruesas ramas de la rosa del desierto almacenan agua. Su savia se usa como veneno en las puntas de flecha para la caza de animales.

Alcaparra
(Capparis spinosa)

Los brotes y frutos del arbusto de la alcaparra pueden salarse o encurtirse y utilizarse como condimento.

Mar Mediterráneo

Desierto de Arabia

Mar de Arabia

Aloe vera
(Aloe vera)

Originario de la península arábiga, el gel calmante de sus hojas se utiliza para tratar las quemaduras solares.

Ghaf
(Prosopis cineraria)

Es un árbol de rápido crecimiento y una fuente esencial de alimento, combustible, refugio y remedios medicinales para las personas y los animales que viven en el desierto.

Barrilla
(Salsola stocksii)

La ceniza de este arbusto capaz de vivir en lugares salados puede usarse para lavar la ropa.

Dátiles

Los dátiles son un manjar muy apreciado en los hogares de Oriente Próximo. A menudo se presentan en bandejas de plata y se sirven con té muy caliente y dulce. Hoy en día, se comen en todo el mundo.

Limón (*Citrus limon*)

Los limones son una excelente fuente de vitamina C.

Cabra (*Capra hircus*)

Las cabras domésticas se sienten a gusto en el duro entorno del desierto. Sus excrementos ayudan a fertilizar los cultivos y otras plantas.

Cotorra de Kramer (*Psittacula krameri*)

Estas brillantes cotorras se dan un festín de dátiles mientras vuelan de oasis en oasis. A su paso, dispersan las semillas que contienen sus excrementos.

Albaricoque (*Prunus armeniaca*)

Los albaricoques silvestres crecen a la sombra de las palmeras datileras más altas, protegidos del sol. Los frutos pueden comerse frescos o se secan para conservarlos durante más tiempo.

Palmera datilera (*Phoenix dactylifera*)

Las altas palmeras datileras de raíces profundas crecen en el corazón de muchos oasis. Sus dulces frutos alimentan a los pueblos nómadas del desierto y a su ganado.

Miná común (*Acridotheres tristis*)

Esta ave invasora es un residente relativamente nuevo de los oasis, donde encuentra fruta e insectos muy apetecibles.

81

SUR DE ASIA: PLÁTANOS

Los plátanos no crecen en árboles, sino en plantas herbáceas perennes muy altas (a veces de hasta 7,5 m) que carecen de tronco leñoso. Cada planta tarda alrededor de un año en producir frutos y una media de seis meses en madurar antes de que la planta muera. Algunas variedades antiguas crecen a partir de semillas, pero, en la mayoría de los casos, las nuevas plantas crecen a partir de las raíces subterráneas de la planta muerta. Estos nuevos retoños se llaman «botones» o «hijos».

Los plátanos silvestres son originarios de Asia, pero los plátanos modernos crecen en plantaciones y producen más frutos y más grandes, con semillas más pequeñas; esto se debe a que los agricultores han ido seleccionando variedades con estas características.

Los plátanos crecen en racimos llamados «manos». Normalmente tienen entre 10 y 20 plátanos, ¡pero una mano gigante llegó a contener 473! Los plátanos son ligeramente radiactivos, aunque no lo suficiente como para resultar dañinos. India es el país que más plátanos produce. En España se cultiva en las islas Canarias.

Plátano malayo
(Musa acuminata)
Los plátanos malayos o rojos son más dulces y blandos que los plátanos amarillos habituales.

Gran zorro volador
(Pteropus vampyrus)
Estos murciélagos polinizan los plátanos silvestres.

Macaco cangrejero *(Macaca fascicularis)*
Cálao cariblanco *(Anthracoceros albirostris)*
Estos dos animales disfrutan comiendo plátanos. No les importa si son silvestres o cultivados.

Frutas gaseosas

Los plátanos maduros producen etileno, un gas que ayuda a madurar a otras frutas.

Flores carnosas

Las flores del plátano se cocinan y se comen como sustitutivo de la carne.

Manos que rezan

A veces los plátanos no crecen como frutas separadas; en su lugar, se fusionan formando racimos apiñados: son los plátanos «manos que rezan».

Plátano azul de Java

(*Musa acuminata* x *Musa balbisiana*)

Este híbrido tiene un sabor fuerte muy parecido al de la vainilla.

Banana Cavendish

(*Musa acuminata*)

El plátano más cultivado es la variedad Cavendish. Actualmente, su producción está amenazada por un hongo que puede significar el fin de la variedad tal y como la conocemos.

Tejados

Las hojas cerosas del plátano son impermeables y constituyen un excelente tejado para las construcciones.

TAILANDIA: ORQUÍDEAS

Tailandia es conocida como *Gluay Mhai*, «la tierra de las orquídeas». Alberga más de 1500 especies de orquídeas silvestres, y también es el principal productor mundial de orquídeas cultivadas con fines comerciales.

Hay más de 28 000 especies de orquídeas en el mundo, unas plantas con formas muy ingeniosas de llamar la atención de los polinizadores: algunas atraen a los insectos machos pareciéndose a las hembras, otras los tientan con aromas dulces y las hay que apestan a carroña para atraer a las moscas. Muchas son epifitas, es decir, plantas que crecen sobre otras plantas. También pueden crecer en lo alto del dosel de la selva tropical, mientras que otras lo hacen en el suelo.

Las orquídeas producen pequeños paquetes de polen que se adhieren a los polinizadores, y algunas están tan especializadas que solo pueden ser polinizadas por una especie de insecto. Muchas tienen un gran pétalo especialmente adaptado que actúa como plataforma de aterrizaje para los polinizadores. Las orquídeas producen las semillas más pequeñas de todas: ¡te caben más de 100 millones en una mano!

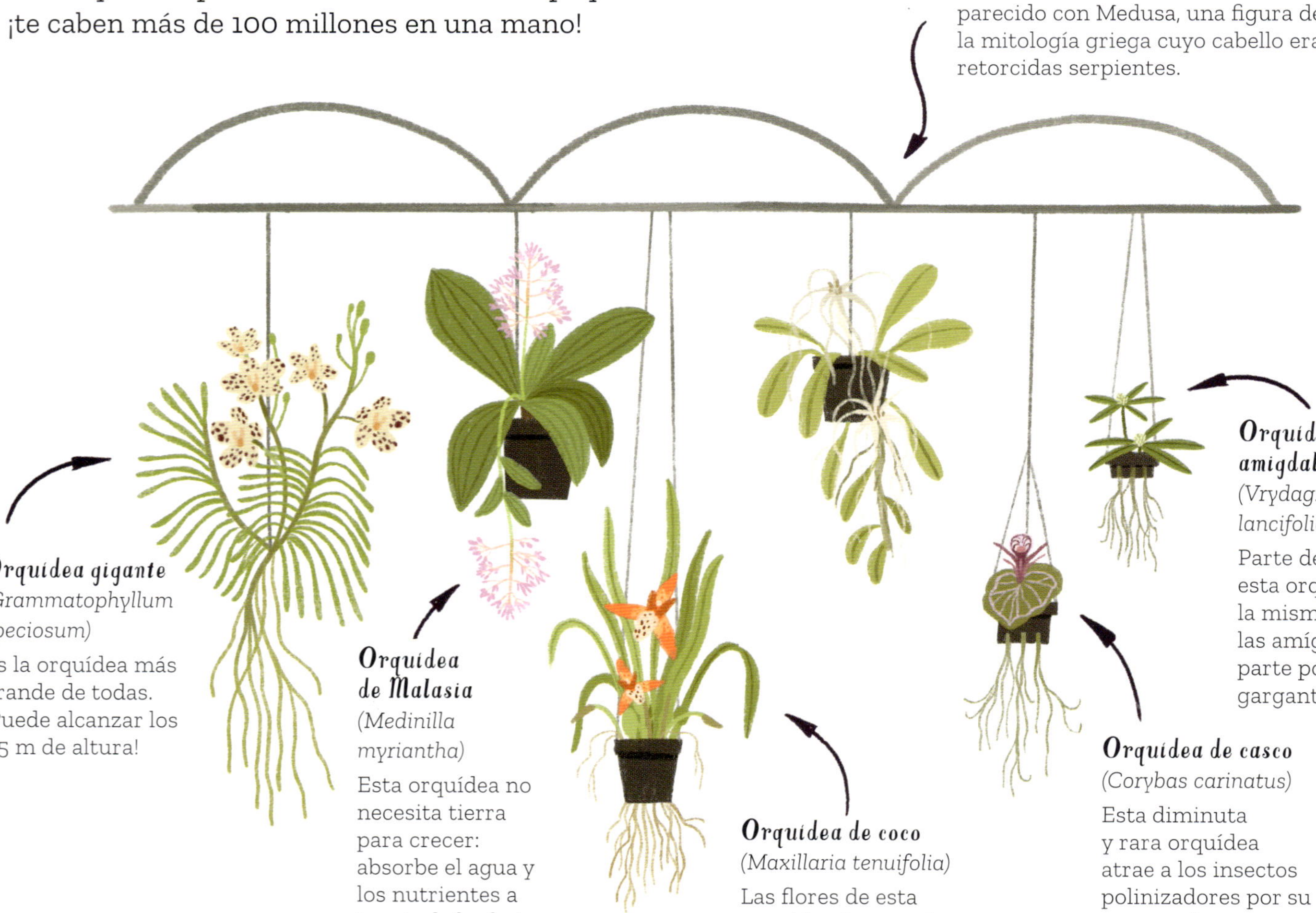

Orquídea medusa
(Bulbophyllum medusae)

Esta orquídea le debe el nombre a su parecido con Medusa, una figura de la mitología griega cuyo cabello eran retorcidas serpientes.

Orquídea amigdalina
(Vrydagzynea lancifolia)

Parte de la flor de esta orquídea tiene la misma forma que las amígdalas de la parte posterior de la garganta.

Orquídea gigante
(Grammatophyllum speciosum)

Es la orquídea más grande de todas. ¡Puede alcanzar los 7,5 m de altura!

Orquídea de Malasia
(Medinilla myriantha)

Esta orquídea no necesita tierra para crecer: absorbe el agua y los nutrientes a través de las hojas y las raíces.

Orquídea de coco
(Maxillaria tenuifolia)

Las flores de esta orquídea desprenden un fuerte olor a coco.

Orquídea de casco
(Corybas carinatus)

Esta diminuta y rara orquídea atrae a los insectos polinizadores por su aspecto de seta.

Mantis orquídea
(Hymenopus coronatus)

La increíble mantis orquídea es una cazadora camuflada para parecerse a los pétalos de las orquídeas. Tiende una emboscada a los insectos que la confunden con una flor.

Cultivo

Los cultivadores de orquídeas conocen las condiciones exactas necesarias para producir flores perfectas.

Polinización

Cada orquídea vainilla se poliniza a mano.

Vainas de vainilla secas

Las vainas secas añaden ese toque especial azucarado y floral a los postres.

Vainilla
(Vanilla planifolia)

La vainilla procede de una orquídea. La especia crece en largas vainas de semillas.

Mercados flotantes

Cada día se venden miles de orquídeas en los bellos mercados flotantes de Tailandia.

ISLAS DEL SUDESTE ASIÁTICO

Hay más de 25 000 islas e islotes en el Sudeste Asiático, y en sus exuberantes selvas tropicales crecen plantas de gran utilidad para el ser humano. Los habitantes de la región han vivido allí durante miles de años y saben qué plantas son seguras y cómo encontrarlas. Hay madera, frutas, frutos secos, especias y plantas medicinales. Se pueden fabricar tintes a partir de bayas y tejidos a partir fibras vegetales. Algunas plantas tienen muchos usos; por ejemplo, del cocotero se obtienen fruta, aceite, agua, cuerdas, madera y hojas para tejer.

Todavía hoy seguimos aprendiendo de los conocimientos y habilidades de los pueblos locales. Cada día, personas de todo el mundo utilizan artículos de la selva tropical sin conocer su origen. Los indígenas recogían estos productos a pequeña escala, pero puede producirse una recolección más generalizada. Como consecuencia, las selvas se ven amenazadas por la tala, las plantaciones de palma aceitera y la agricultura. Afortunadamente, muchos productos vegetales se cultivan ahora de forma sostenible en explotaciones locales.

Durián *(Durio zibethinus)*
El durián es la fruta más olorosa que hay, ¡pero huele a huevos podridos!

Canela en rama
Los trozos de la corteza del canelo, pelada y seca, son los palitos de canela.

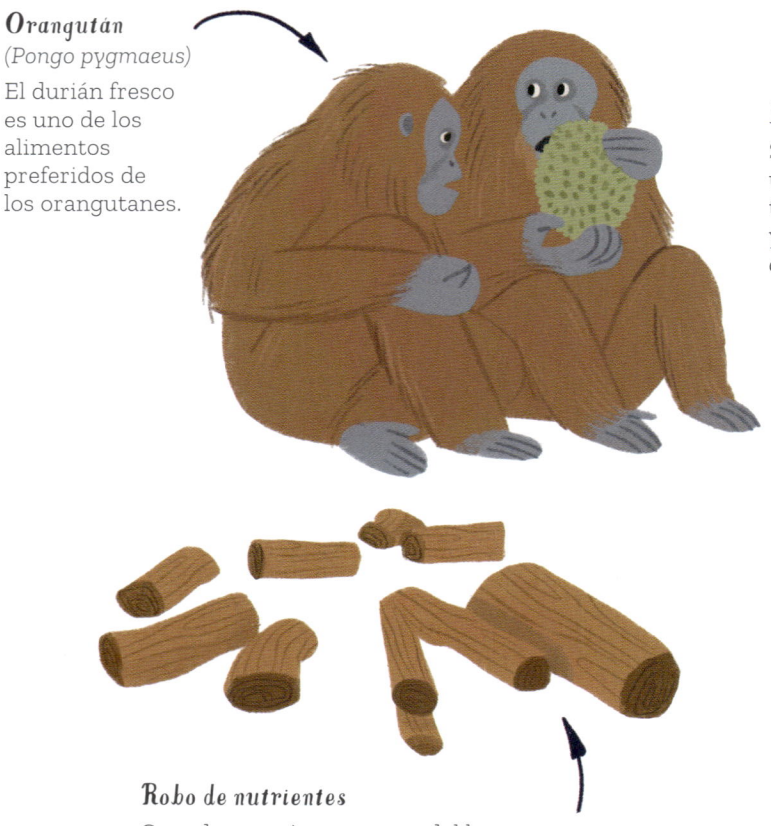

Orangután
(Pongo pygmaeus)
El durián fresco es uno de los alimentos preferidos de los orangutanes.

Deforestación
Se necesitan solo unos minutos para talar un árbol gigante y 200 años para que crezca otro en su lugar.

Robo de nutrientes
Cuando se retiran troncos del bosque, se extraen con ellos nutrientes que dan vida.

Granos de café

Los granos de café maduro (*Coffea*) son de color rojo intenso.

Tailandia

Filipinas

Malasia

Indonesia

Papua Nueva Guinea

Canelo

(*Cinnamomum cassia*)

La canela, utilizada en la cocina y en bebidas, es la corteza seca y triturada del árbol de la canela.

Pimienta negra

(*Piper nigrum*)

La pimienta negra es la especia más popular de todas. En la antigüedad era tan valiosa que en ocasiones se utilizaba como moneda de cambio..

Jengibre (*Zingiber officinale*)

Las plantas de jengibre miden aproximadamente 1 m de altura. Solo sus raíces gruesas y leñosas se usan como especia.

Palma aceitera (*Elaeis guineensis*)

Grandes extensiones de la selva tropical se han talado para cultivar palmas aceiteras. Sus frutos producen un aceite que se utiliza en numerosos productos y alimentos de uso cotidiano.

EUROPA

Al pensar en Europa solemos imaginar ciudades históricas y bellos edificios medievales, pero este continente también tiene asombrosas zonas salvajes donde viven multitud de plantas y animales. Hay altas montañas, ríos, regiones de clima moderado, zonas de inviernos fríos y otras de veranos calurosos. En Europa hay más tierra cultivable que en ningún otro continente, y alrededor del 40 % se destina a la agricultura. En el norte crecen bosques de coníferas de abeto, pino, pícea y alerce. En el sureste hay praderas. En las zonas mediterráneas se pueden encontrar plantas de climas cálidos y secos, como los olivos. Gran parte de Europa estuvo cubierta de bosques milenarios, pero ahora solo quedan retazos.

1 GRAN BRETAÑA-IRLANDA: TURBERA

Las misteriosas turberas esconden todo tipo de secretos. Hay musgo esfagno que puede utilizarse como material aislante y más de una planta a la que le gusta comerse su almuerzo mientras se retuerce o zumba, ¡porque se lo come vivo!

2 SUECIA: BOSQUE DE CONÍFERAS

Los bosques de coníferas de Suecia son extrañamente silenciosos. Una gruesa capa de agujas de pino suaviza los sonidos y está salpicada de llamativas setas y flores.

3 EUROPA OCCIDENTAL: ROBLES

De las bellotas más pequeñas crecen estos enormes y longevos robles, que acogen en su interior a más especies que cualquier otro árbol europeo.

4 ESPAÑA-PORTUGAL: MONTE BAJO

El monte bajo mediterráneo está repleto de muchos de los sabores y olores que disfrutamos a diario: salvia, romero y lavanda. También viven aquí las misteriosas mandrágoras.

5 SUIZA: PARQUE NACIONAL SUIZO

Las plantas alpinas, pequeñas, de crecimiento bajo y muy, muy resistentes, a pesar de ser delicadas desafían el entorno frío, ventoso y expuesto en el que crecen.

Genciana nival
(Gentiana nivalis)

Peonía hoja de helecho
(Paeonia tenuifolia)

Castaño
(Castanea sativa)

Pino silvestre
(Pinus sylvestris)

Genciana
(Gentiana acaulis)

Matamoscas
(Amanita muscaria)

Roble
(Quercus robur)

Flor de cuclillo
(Lychnis flos-cuculi)

Drosera
(Drosera rotundifolia)

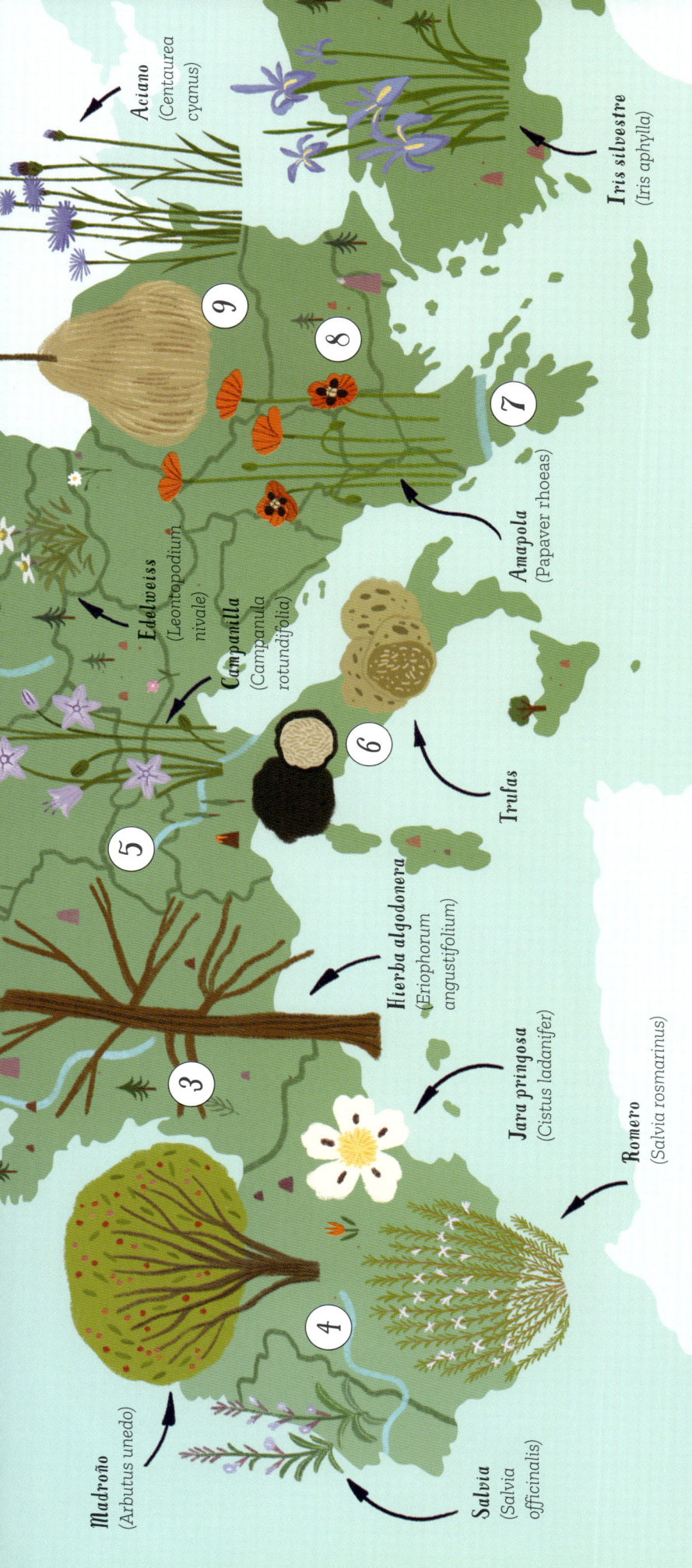

Aciano
(*Centaurea cyanus*)

Iris silvestre
(*Iris aphylla*)

Madroño
(*Arbutus unedo*)

Edelweiss
(*Leontopodium nivale*)

Campanilla
(*Campanula rotundifolia*)

Amapola
(*Papaver rhoeas*)

Hierba algodonera
(*Eriophorum angustifolium*)

Trufas

Jara pringosa
(*Cistus ladanifer*)

Romero
(*Salvia rosmarinus*)

Salvia
(*Salvia officinalis*)

Hay regiones de Europa, como los prados de heno de Rumanía, donde todavía se mantienen prácticas agrícolas tradicionales, que funcionan en mayor armonía con el mundo natural y dejan espacio para que prosperen las plantas y los animales silvestres. Los bosques de robles y coníferas también ofrecen espacio para la vida natural. Muchos robles tienen más años que algunos de los castillos más legendarios.

Las antiguas y misteriosas turberas de Europa son uno de los hábitats más amenazados del mundo. Tardan miles de años en formarse y, si las destruimos, sus plantas desaparecerán para siempre.

Desde los humedales hasta las altas praderas de los Alpes, la fértil Europa está llena de sorpresas. Aquí podrás buscar trufas en Italia, degustar aceitunas en Grecia y buscar hierbas aromáticas o setas en España y Portugal.

7 GRECIA: OLIVOS

El olivo, uno de los primeros árboles que se cultivaron por su fruto, contiene un aceite que ha sido fundamental para la salud humana desde la Edad de Bronce.

6 ITALIA: TRUFAS

También denominadas «oro negro», las trufas son uno de los alimentos más caros del mundo. Pero comienzan su vida en el bosque, ocultas en lo más profundo de la tierra.

8 BULGARIA: LINDES

En los arcenes de las carreteras búlgaras las plantas están protegidas y se llenan de flores en primavera. Forman un mosaico de hábitats que atraen a los polinizadores y ayudan a mantener sanos los ecosistemas.

9 RUMANÍA: PRADERAS

Los grandes prados de heno bullen de abejas y otros polinizadores, que se dan un festín con las hierbas que crecen y, a su vez, son el alimento de otros animales.

GRAN BRETAÑA E IRLANDA: TURBERA

Las turberas, como la Reserva Natural Nacional de Fenn's, Whixall y Bettisfield Mosses, son lugares misteriosos que conservan el pasado, humedales esponjosos donde se acumulan capas de turba. La turba es un carbón fósil, compuesto por plantas en descomposición, generalmente musgos, depositadas hace más de 10 000 años.

Son hábitats muy escasos y amenazados, que aparecen en terrenos húmedos mal drenados. Cuando las plantas mueren en el agua, en lugar de pudrirse, se hunden y se descomponen. Cada año crecen y mueren más plantas, formando capas sucesivas que pueden tener 10 m de profundidad.

La turbera retiene el agua como una esponja, tiene pocos nutrientes y oxígeno, y las plantas muertas hacen que el ambiente sea ácido y solo puedan prosperar unas especies determinadas. Durante cientos de años, la turba se cortaba, se secaba y se utilizaba como combustible. Las condiciones que impiden que las plantas se descompongan totalmente hacen lo mismo con otros elementos, como armas antiguas, herramientas e incluso cadáveres.

Flor de cuclillo
(Silene flos-cuculi)
Las flores de cuclillo son una de las principales plantas con néctar para los insectos de la turbera.

Libélula de los juncos *(Aeshna juncea)*
Especialistas en turberas, estas libélulas cazan mariposas y otros insectos que se acercan a beber o alimentarse de las plantas.

Drosera *(Drosera rotundifolia)*
Las delicadas droseras esconden un espeluznante secreto: ¡les gustan los animales vivos! Cada hoja de esta planta carnívora está cubierta de gotitas pegajosas que atrapan a los insectos que las visitan. La hoja de la drosera se enrosca alrededor del insecto y la planta digiere lentamente a su presa.

Esfagno
(Sphagnum flexuosum)
Este musgo, el habitante más común de las turberas, puede retener hasta 20 veces su propio peso en agua.

Mirto de turbera (*Myrica gale*)

Los visitantes de las turberas suelen recoger hojas de mirto de turbera. Su olor fuerte y dulce ahuyenta a los mosquitos.

Asfódelo de los pantanos
(*Narthecium ossifragum*)

Ossifragum significa «rompehuesos». Se pensaba que si las ovejas comían asfódelos, sus patas se debilitarían y se romperían. Afortunadamente, no parece que esto ocurra.

Trébol de agua
(*Menyanthes trifoliata*)

Sus hojas son iguales que las hojas de las habas.

Lentibularia
(*Utricularia vulgaris*)

La lentibularia es una planta carnívora superrápida. Flota en el agua a la espera de que la presa roce los pelos de la trampilla, que se cierra de golpe y el insecto entra en su vejiga de succión. Cada apertura tarda entre 10 y 15 milésimas de segundo.

Culebra de collar
(*Natrix natrix*)

Las culebras de collar son cazadoras no venenosas que se alimentan de las ranas de las turberas.

Hierba algodonera
(*Eriophorum angustifolium*)

Las esponjosas cabezas de la hierba algodonera se utilizaban antiguamente para rellenar almohadas.

Romero de pantano
(*Andromeda polifolia*)

Sus hojas son verdes por arriba y blancas por debajo.

SUECIA: BOSQUE DE CONÍFERAS

Suecia es una tierra de ricos bosques, lagos e islas. Los árboles cubren casi el 70 % del país. Allí crecen especies caducifolias como el abedul y el aliso, pero son las coníferas las que dominan los bosques. La pícea y el pino silvestre forman parte de este paisaje.

Kolmården es un bosque muy antiguo que está en la costa. Los árboles del norte de Suecia no se utilizan para obtener madera y forman bosques vírgenes; solo se aprovechan comercialmente los árboles del sur. Suecia mantiene sus bosques plantando árboles jóvenes para sustituir a los talados. Fue uno de los primeros países en aprobar leyes para su protección.

Gran parte del bosque de Kolmården es una reserva natural. Los bosques son tranquilos y llenos de sombras, con una gruesa capa de suaves agujas de pino en el suelo. Hay muchas zonas abiertas donde las plantas pueden hacer la fotosíntesis y crecer. También abundan mariposas y abejas, animales centrales en la biodiversidad de este bosque.

Brezo (*Calluna vulgaris*)
El brezo es el alimento principal del lagópodo (*Lagopus lagopus*), una de las aves más extendidas del bosque.

Pino silvestre
(*Pinus sylvestris*)
Son los únicos pinos autóctonos del norte de Europa.

Matamoscas
(*Amanita muscaria*)
¡Las setas de los cuentos de hadas! Pueden provocar alucinaciones en humanos y animales.

Angélica
(*Angelica archangelica*)
La angélica alcanza una altura de 2,5 m. Tradicionalmente, el tallo se comía como verdura y se almacenaba para consumir en invierno.

Mar de Noruega

Finlandia

Noruega

Suecia

Mar del Norte

Kolmården

Mar Báltico

Matalobos de flor amarilla
(Aconitum lycoctonum)
Extremadamente venenosa. Antiguamente, los cazadores de lobos impregnaban con su savia la punta de las flechas.

Sello de Salomón
(Polygonatum verticillatum)
Le gusta crecer en las laderas escarpadas de los barrancos boscosos.

Verónica espigada
(Veronica spicata)
Las flores de un intenso color azul violáceo destacan al atardecer.

Anémona de bosque
(Anemona nemorosa)
Las anémonas son una de las primeras flores que se abren al final del invierno.

Genciana nival *(Gentiana nivalis)*
Las flores azules solo se abren cuando brilla el sol y la temperatura es superior a 10 °C.

Bellotas

Las bellotas jóvenes son verdes y están unidas al tronco por la cúpula o cascabullo. Al madurar, se vuelven marrones y caen de la copa al suelo.

Roble milenario

Los robles pueden vivir más de mil años y a veces se les da nombre, como el Roble de la capilla, en Francia, que tiene una pequeña capilla dentro del enorme tronco.

Lengua de buey

(*Fistulina hepatica*)

Este hongo tiene el mismo aspecto que un trozo de carne cruda. Incluso «sangra» gotas de jugo rojo cuando se corta para abrirlo.

EUROPA OCCIDENTAL: ROBLES

Los robles (*Quercus robur*) son árboles de hoja caduca (cae al llegar el otoño). Están muy extendidos por toda Europa occidental y sus bosques albergan la mayor biodiversidad de los bosques europeos: proporcionan alimento y refugio a más de 2000 especies silvestres. El suelo del robledal contiene una impresionante variedad de plantas, que prosperan porque los robles no tienen un dosel denso, lo que significa que hay huecos entre las hojas que permiten el paso de la luz solar.

Un solo roble puede tener 250 000 hojas, que se descomponen durante el invierno y proporcionan un alimento perfecto para que las flores lo utilicen en la primavera siguiente. La mayoría de las flores se abren antes de que crezcan las hojas del roble, por lo que pueden estar en su mejor esplendor a pleno sol. Cada roble produce miles de semillas, las bellotas, y casi todas ellas alimentan a aves y mamíferos. Pero si una sola bellota consigue convertirse en un árbol maduro, el bosque perdurará en el futuro.

Incubadora de hojas

La hembra de avispa de las agallas (*Cynips quercusfolii*) pone un huevo en el brote de las hojas del roble. Esto crea una pequeña bola que parece una fruta pero que, en realidad, es un caparazón para proteger a la larva que está creciendo en su interior.

Procesionaria del roble

(*Thaumetopoea processionea*)

Más de cien orugas se desplazan en fila por las ramas en busca de hojas frescas de roble para comer.

Anillos de crecimiento

En el interior del tronco se pueden ver los anillos de crecimiento. Cada uno representa un año de vida. Contando los anillos, se obtiene la edad exacta del árbol.

Flores

Cada árbol tiene flores femeninas y masculinas. Las masculinas son racimos largos y colgantes, y las femeninas parecen diminutos capullos rojos escondidos en la parte inferior de las hojas.

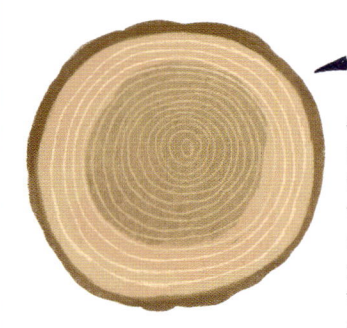

Países Bajos

Reino Unido

Bélgica   Alemania

Francia

Suiza   Austria

España

Italia

Arrendajo

(*Garrulus glandarius*)

Los arrendajos entierran como reserva bellotas maduras. Las que olvidan crecen y se convierten en nuevos robles.

Mandrágora *(Mandragora officinarum)*

La superstición y la magia rodean la recolección de la mandrágora, cuyas raíces tienen aspecto humano. Cuando se extrae la mandrágora de la tierra, dicen que grita ¡y que quien la oiga morirá!

Mar Cantábrico

España

Portugal

Mar Mediterráneo

Orquídea de los hombrecitos *(Orchis italica)*

El labio de la orquídea de los hombrecitos es exactamente igual a un hombre ¡sin ropa!

Madroño *(Arbutus unedo)*

Cuando están muy maduros, los frutos de estos árboles emborrachan a los animales que los toman. Son parecidos a las fresas, pero los madroños forman parte de la familia de los brezos.

Campanilla *(Narcissus bulbocodium)*

Estas flores pertenecen a la familia de los narcisos y, como ellos, tienen un agradable olor.

Narciso blanco *(Narcissus papyraceus)*

El aroma de estos narcisos es glorioso. Se cultivan en macetas de interior para alegrar los meses de invierno.

Salvia *(Salvia officinalis)*

Antiguamente, esta planta aromática se consideraba un amuleto que se llevaba encima para alejar a los malos espíritus.

ESPAÑA Y PORTUGAL: MONTE BAJO

El suelo seco que bordea el Mediterráneo es ideal para las plantas aromáticas, con las que se aderezan a diario guisos y ensaladas. Muchas de ellas proceden de la maquia, una formación vegetal de arbustos de zonas con veranos calurosos y secos e inviernos suaves.

El suelo pobre de la maquia no alberga una gran masa arbolada. Se trata de un paisaje de matorrales (plantas bajas con tallos leñosos resistentes) de hoja perenne. La mayoría de las flores brotan en primavera, ya que necesitan ser polinizadas antes del caluroso verano, y las hojas suelen ser pequeñas para no absorber demasiado calor del sol. La mayoría de las plantas también contienen aceites que las protegen de la sequedad. Al final de las tardes de verano, el aire del Algarve, en Portugal, desprende una fragancia suave, dulce y floral: es el viento, que mezcla el aroma de los aceites vegetales del romero, el mirto, la salvia, el tomillo y el eucalipto.

Romero *(Salvia rosmarinus)*
Esta hierba aromática ya se añadía a los asados de carne hace al menos 7000 años.

Jara pringosa *(Cistus ladanifer)*
Las jaras producen grandes cantidades de una resina altamente inflamable. Cuando hace mucho calor, las plantas pueden a veces estallar repentinamente en llamas.

Espliego *(Lavandula angustifolia)*
También llamado «lavanda». Su delicioso aceite tiene un aroma relajante. La ropa se guarda con bolsitas de lavanda seca para ahuyentar a las polillas, mariposas nocturnas que ponen huevos en la lana y cuyas orugas mordisquean la ropa.

Ombligo de Venus *(Umbilicus rupestris)*
El ombligo de Venus crece mejor entre las piedras. Envía sus largas raíces en todas las direcciones para encontrar agua bajo tierra.

Col silvestre *(Brassica oleracea)*
Es el antepasado silvestre de las coles que comemos hoy en día, como la coliflor, la col o berza y el brócoli.

SUIZA: PARQUE NACIONAL SUIZO

El Parque Nacional Suizo combina montañas escarpadas, bosques y prados alpinos. Es un espacio natural protegido estudiado por científicos y alberga muchas especies únicas de plantas y animales.

La primavera llega tarde a los Alpes y el verano es corto, por lo que las plantas tienen poco tiempo para reproducirse y florecen todas a la vez, creando uno de los paisajes más impresionantes de las montañas: la pradera alpina.

Las praderas se extienden por las altitudes más bajas y están cubiertas de flores de vivos colores, cada una de las cuales compite por atraer a los insectos polinizadores. El agua del deshielo arrastra los nutrientes del suelo de las praderas, favoreciendo su desnutrición.

Las flores alpinas no suelen crecer en altura para soportar el frío intenso, el viento, la nieve y el hielo y hacer frente a la radiación ultravioleta de la intensa luz solar. Es el hábitat de juncias y gramíneas que forman matorrales, y abundan los musgos, los líquenes y las plantas en cojín que forman tapices: a la vez que cubren el suelo, se protegen de las inclemencias del tiempo.

Flor de San Pallari
(Trollius europaeus)
Estas flores necesitan un suelo húmedo. Suelen crecer junto a arroyos de montaña que llevan agua limpia de las altas cumbres.

Campanilla
(Campanula rotundifolia)
Los pétalos de las campanillas parecen delicados, pero pueden sobrevivir en lugares altos y expuestos, donde sus tallos flexibles se doblan con los fuertes vientos en lugar de romperse.

Amapola alpina *(Papaver alpinum)*
Estas amapolas tienen un aroma dulce pero no producen néctar. Los insectos visitantes se llevan el polen sin obtener alimento como recompensa.

Alemania

República Checa

Francia

Suiza

Austria

Italia

Parque Nacional Suizo

Edelweiss o flor de las nieves
(Leontopodium nivale)

Sus flores amarillas están rodeadas de brácteas lanosas, blancas y con forma de estrella. Vive en lugares de difícil acceso y se regalaba como símbolo de amor.

Jazmín de roca alpina
(Androsace alpine)

Las flores pueden ser rosas o blancas. A veces ambos tonos coexisten en la misma planta.

Genciana *(Gentiana acaulis)*

De color azul intenso, estas flores de tallo corto con forma de trompeta crecen juntas en forma de cojín o estera.

Estrellada *(Aster amellus)*

Las estrelladas son una de las flores más altas de los Alpes.

Ranúnculo glacial
(Ranunculus glacialis)

Los ranúnculos crecen a mayor altitud que casi cualquier otra planta alpina.

ITALIA: TRUFAS

Escondidos en las profundidades de la tierra, entre las raíces de robles, avellanos y cerezos, crecen unos extraños hongos que parecen patatas pequeñas. Son trufas (*Tuber melanosporum*), uno de los manjares más codiciados del mundo. Tienen un aroma y un sabor difíciles de describir y que la ciencia aún no ha analizado a fondo. Saben a ajo, a nuez y a tierra.

Las trufas son parte de un hongo subterráneo que se extiende por todo el bosque. Contienen esporas, una especie de semillas, que son dispersadas por los animales. Estos hongos toman azúcares de las raíces de los árboles cercanos; a cambio, aportan nutrientes, como hierro y cobre, que el árbol necesita y que no puede absorber fácilmente del suelo.

Como las trufas son escasas y se forman bajo tierra, resultan muy difíciles de encontrar y en ocasiones se usan perros o cerdos especializados en rastrearlas. Los recolectores de trufas mantienen en secreto la ubicación de los lugares donde las hay.

Cerdo trufero
Los cerdos y los jabalíes encuentran fácilmente las trufas porque les encantan.

Aceite de trufa

El aceite de oliva puede aromatizarse con un poco de trufa. Este sabroso aceite se usa para aliñar ensaladas y como salsa en platos de pasta.

Italia

Córcega

Cerdeña

Repleta de esporas

Cada trufa contiene millones de diminutas esporas.

Trufas negras

Las trufas negras crecen entre las raíces de los árboles de hoja caduca y se recolectan tanto para uso particular como para su venta.

Perro trufero italiano

Los cazadores utilizan perros especialmente adiestrados para olfatear las trufas. La raza italiana más conocida para la caza de la trufa es la lagotto romagnolo de pelo rizado.

Oro blanco

Las trufas blancas se venden a un precio extraordinario: entre 2000 y 6000 euros el kilo.

Taladro amarillo *(Zeuzera pyrina)*

Las polillas de este insecto buscan los olivares en verano. Aquí es donde las hembras ponen sus huevos. Después, las orugas se alimentan de la madera y viven en el interior de los troncos y ramas de los árboles hasta tres años antes de transformarse en adultas.

Aceitunas Kalamata
(Olea europaea 'Kalamon')

Este fruto púrpura de piel brillante se considera el «rey de las aceitunas».

Aceite saludable

Alrededor del 90 % de los olivos se cultivan para la producción de aceite. El aceite de oliva es uno de los más nutritivos y saludables.

Olivo
(Olea europaea)

Curruca capirotada
(Sylvia atricapilla)

Esta curruca come insectos la mayor parte del año, pero se alimenta de aceitunas maduras a finales del verano.

Manzanilla o camomila
(Chamaemelum nobile)

Las flores secas de manzanilla se usan para preparar una infusión calmante que ayuda a la digestión.

Ojo de buey
(Glebionis coronarium)

Las hojas frescas del ojo de buey se utilizan como verdura en primavera.

Hongo de la muerte
(Amanita phalloides)

El hongo de la muerte crece bajo los olivos y su veneno es letal.

GRECIA: OLIVOS

El gusto por las sabrosas aceitunas se remonta al menos a la Edad de Bronce. Las aceitunas y su aceite son ingredientes básicos de la cocina mediterránea. El aceite también se utiliza en cosmética y como combustible para lámparas.

Los olivos necesitan calor y mucho sol para desarrollarse. Suelen cultivarse en extensos campos de olivares, que dan cobijo a muchas especies de plantas herbáceas y atraen a un gran número de insectos y aves. Sus frutos, las aceitunas, se recogen a principios del invierno, cuando están rellenas de aceite. Primero se lavan y luego se muelen con pesadas piedras de molino hasta convertirlas en pulpa. A continuación, una potente prensa exprime la pulpa hasta que libera su valioso aceite. La técnica básica ha cambiado muy poco en los últimos 5000 años. Todo en este longevo árbol es útil para los humanos: la madera se utiliza para fabricar muebles de interior y utensilios de cocina, y con las hojas se hacen infusiones medicinales.

Mar Egeo

Turquía

Mar Jónico

Grecia

Creta

Mar Mediterráneo

Todo tipo de aceitunas
Hay muchos tipos de aceitunas, cada uno con un sabor, textura, tamaño y tono de piel. Distintas regiones de Grecia están especializadas en determinadas variedades.

Amapola
(Papaver rhoeas)
Las amapolas se cultivan por sus diminutas semillas negras, que se añaden al pan de aceitunas.

Acanto (Acanthus mollis)
El acanto es la flor nacional de Grecia. Sus hojas adornan los capiteles corintios.

Azafrán (Crocus sativus)
Está planta se cultiva para producir azafrán, la especia más cara del mundo. Ahora se siembra experimentalmente junto con el olivo, a medida que los agricultores diversifican sus cultivos.

Farolillos
(Campanula medium)
Crecen a la sombra de los olivos y animan a los insectos a polinizar la flor de los árboles.

BULGARIA: LINDES

Bulgaria contiene una impresionante variedad de hábitats y es uno de los países con mayor biodiversidad de Europa. Gran parte de la región es montañosa, pero también hay abundantes praderas y frondosos bosques, y tiene costa en el lado occidental del mar Negro. La rica campiña búlgara acoge a muchos de los grandes depredadores de Europa, como lobos, linces, chacales y osos, especies que han desaparecido de gran parte del continente.

Como en muchos otros países, las lindes de las carreteras se han convertido en uno de los hábitats vegetales más importantes, ya que son áreas que no se pisan y las plantas pueden crecer libremente. Cuando no se siegan, pastorean o rocían con pesticidas, forman reservas naturales que cubren enormes distancias. Muchas han permanecido intactas durante siglos y proporcionan un entorno ideal para las 170 especies vegetales exclusivas de Bulgaria.

Caqui del Cáucaso (*Diospyros lotus*)
Los deliciosos caquis no son ni dátiles ni ciruelas, ¡pero saben un poco a ambos!

Castaño
(*Castanea sativa*)
Los castaños tardan unos 20 años en producir castañas.

Garbanzo (*Cicer arietinum*)
Los garbanzos son muy ricos en proteínas.

Acónito de invierno
(*Eranthis hyemalis*)
Los acónitos amarillos son una de las primeras flores que salen en primavera.

Peonía hoja de helecho
(Paeonia tenuifolia)
Las hojas de esta planta parecen largos mechones de pelo.

Cala negra
(Arum palaestinum)
La cala negra es una de las pocas flores de color púrpura-negro del mundo.

Eléboro fragante
(Helleborus odorus)
A diferencia de la mayoría de los eléboros, el eléboro fragante tiene un olor delicado y dulce.

Tulipán
(Tulipa spp.)
Debe su nombre a la palabra para designar el turbante en persa y describe la forma de la flor antes de abrirse.

Cepillitos *(Lamarckia aurea)*
La cabezuela de esta hierba recuerda a la cola peluda de un perro.

Clavel gigante rosa
(Dianthus giganteus)
Cada largo tallo de estos claveles gigantes produce numerosas cabezas florales.

RUMANÍA: PRADERAS

El comienzo del verano en Rumanía es el mejor momento y lugar para ver las tradicionales praderas o dehesas europeas. Las vacas se alimentan de la hierba en verano. En invierno, se trasladan al interior y se abastecen de heno. El heno es una mezcla de hierbas que se secan y almacenan para proporcionar alimento a los animales que pastan. Cada vaca consume unas 4 toneladas de heno entre octubre y mayo, por lo que los ganaderos necesitan acumular una reserva considerable.

En los prados cultivados para heno no se pasta, y tampoco se tratan con pesticidas u otros productos químicos; por esta razón, los insectos polinizadores prosperan en ellos. Aquí florece una espléndida mezcla de flores silvestres rosas, amarillas, azules y rojas hasta finales del verano, cuando se corta la hierba y se seca en ordenados almiares. Esto da tiempo a las flores a producir semillas, que estarán listas para crecer al año siguiente. Hace unos 300 años, las praderas eran habituales en los campos de todo el continente.

Gamo común (*Dama dama*)

Los gamos visitan con regularidad los prados para alimentarse de la abundante hierba.

Boca de dragón (*Antirrhinum majus*)

Cuando se aprieta la flor, se abre como si fuera la boca de un dragón y se cierra de golpe al soltarla. ¡La cabeza de la semilla parece un cráneo humano!

Aciano
(*Centaurea cyanus*)

Los acianos abundaban entre los campos de cereales, pero los cambios en la agricultura hacen que estas flores sean cada vez más raras.

La **mariposa pavo real** (*Aglais io*) se alimenta de esta especie de **diente de león** (*Hieracium villosum*).

Las praderas son una de las zonas de alimentación más importantes para insectos como las mariposas pavo real.

Cresta de gallo
(*Rhinanthus minor*)

Las semillas de esta flor silvestre crecen en vainas pequeñas y duras. Cuando están maduras, las vainas vibran con el viento.

Castillo de Bran

El castillo de Bran es la célebre morada del conde Drácula y domina algunas de las praderas rumanas.

Ucrania

Moldavia

Hungría

Rumanía

Mar Negro

Serbia

Bulgaria

Mar Egeo

Almiares únicos

Los almiares rumanos tienen una forma que no se ve en ningún otro país.

Diente de perro
(Erythronium dens-canis)

Las violetas diente de perro crecen en los bordes de las praderas, normalmente a la sombra de los árboles.

Cigüeña blanca
(Ciconia ciconia)

Las cigüeñas blancas pasean por la hierba alta en busca de insectos y pequeños animales.

Lirio silvestre *(Iris aphylla)*

Los lirios silvestres están en peligro en gran parte de Europa. Los prados rumanos son uno de sus baluartes.

Peonía peregrina
(Paeonia peregrina)

Cada flor de peonía puede medir hasta 13 cm de diámetro.

Vellosilla naranja
(Pilosella aurantiaca)

Antiguamente se creía que los halcones se comían esta planta para mejorar su visión.

Driada de ocho pétalos
(Dryas octopetala)

Campanilla ártica
(Cassiope tetragona)

Flor de jade
(Strongylodon
macrobotrys)

Altramuz ártico
(Lupinus arcticus)

Te de Labrador
(Rhododendron
groenlandicum)

OCEANÍA Y REGIONES POLARES

Situada en el hemisferio sur (salvo algunos archipiélagos), donde el invierno comienza en junio, Oceanía se encuentra al sureste de Asia e incluye Australia, Nueva Zelanda y varios países insulares. Algunas de estas islas son volcánicas y surgieron del lecho oceánico tras erupciones, mientras que otras están formadas por arrecifes de coral. Oceanía es una tierra remota y variada ¡donde viven más ovejas domésticas que personas!

Gran parte de Oceanía es desértica, pero también hay zonas con una vegetación exuberante. ¿Cómo llegaron a ser tan verdes? Algunas plantas llegaron de Asia gracias a la corriente del Pacífico norte, que transportó

sus semillas flotantes. Los helechos no tienen ningún problema para cruzar aguas abiertas. Se reproducen mediante diminutas esporas, que pueden ser arrastradas cientos de kilómetros por fuertes vientos. Bastan unas pocas esporas para formar una nueva colonia de plantas. Hace más de 200 millones de años, Australia estaba unida a Gondwana y, cuando se desprendió, ya contaba con una gran riqueza vegetal. A lo largo de millones de años, estas plantas evolucionaron hasta dar lugar a las especies únicas que viven allí en la actualidad.

El océano Pacífico, que rodea Oceanía, se extiende hasta las regiones polares norte y sur. Aunque el Ártico puede ser un entorno difícil para la vida vegetal, está unido por tierra con hábitats menos adversos. Algunas especies se han desplazado desde parajes más cálidos situados más al sur, adaptándose lentamente a las nuevas condiciones. Esto, en cambio, es imposible en la Antártida, por lo que este continente, el más frío de todos, solo tiene dos especies de plantas con flor.

Rafflesia
(Rafflesia arnoldii)

Árbol del pan
(Artocarpus altilis)

Cocotero
(Cocos nucifera)

Helecho plateado
(Cyathea dealbata)

Dedos del diablo
(Clathrus archeri)

Higuera
(Ficus carica)

Eufrasia cuneata
(Euphrasia cuneata)

Pata de canguro
(Anigozanthos manglesii)

Nuez de macadamia
(Macadamia tetraphylla)

Pitahaya
(Selenicereus undatus)

Calistemon llorón
(Callistemon viminalis)

(5) ANTÁRTIDA
Los mares antárticos son ricos en fitoplancton, organismos diminutos pero increíblemente importantes en la producción del oxígeno que respiramos. Esta región también alberga misteriosos ratones de glaciar.

Fitoplancton

(4) ÁRTICO
Los juncos, hierbas, musgos y líquenes del Ártico tienen que sobrevivir en esta tierra de veranos con el «sol de medianoche» ininterrumpidamente durante todo el día y la oscura «noche polar» del invierno.

(3) OCÉANO PACÍFICO
En el vasto Pacífico podemos encontrar un árbol que sabe localizar el ecuador, ovejas vegetales y plantas carnívoras.

(2) NUEVA ZELANDA: HELECHOS ARBÓREOS
Centro neurálgico de la diversidad vegetal, algunas de las plantas de Nueva Zelanda también fueron alimento de los dinosaurios.

(1) AUSTRALIA
Australia acoge más de 34 000 especies de plantas y 3000 de líquenes. Para prosperar, tienen que poder hacer frente a la sequía y a los frecuentes incendios forestales.

Pasto antártico
(Deschampsia antarctica)

Liquen lecanora
(Lecanora conizaeoides)

Perla antártica
(Colobanthus quitensis)

AUSTRALIA

Australia se separó de la Antártida hace unos 35 millones de años. Ya estaba poblada entonces por plantas y animales, pero con el tiempo evolucionaron y adquirieron características muy diferentes a las de otras especies del mundo. Es la isla más grande de Oceanía y alberga una gran variedad de plantas que no existen en ningún otro lugar.

Australia tiene ricas praderas, bosques de eucaliptos y la selva tropical más antigua del planeta, en el norte de Queensland. Sin embargo, el hábitat mayoritario del país es el matorral seco, un paisaje arenoso con suelo pobre, donde los veranos son largos, calurosos y secos. Muchos de estos matorrales detienen su crecimiento y pierden las

Calistemon llorón
(Melaleuca viminalis)
Es una planta sedienta a la que le gusta crecer cerca de arroyos o charcas.

Moojar *(Nuytsia floribunda)*
Las flores amarillas del moojar salen en diciembre, por lo que también se le llama «árbol de Navidad».

Acacia denticulosa
(Acacia denticulosa)
Sus hojas, cubiertas de pequeñas protuberancias afiladas, parecen papel de lija.

Mulla rosa
(Ptilotus exaltatus)
Las mullas suelen florecer inmediatamente después de una lluvia intensa.

hojas cuando hace más calor, dejando por encima del suelo los tallos y las ramas desnudas. Como las plantas pierden agua a través de los estomas (minúsculos agujeros) de las hojas, deshacerse de ellas impide que el resto de la planta se seque y la ayuda a sobrevivir.

Estas plantas de matorral de bajo crecimiento son el principal alimento de los ualabíes, los canguros y los camellos salvajes de Australia.

Océano Índico

Océano Pacífico sur

Australia

Tasmania

Frutos secos
Las nueces de macadamia tienen un alto contenido en grasa y son una fuente importante de alimento tanto para las personas como para los animales.

Pitahaya *(Selenicereus undatus)*
Las pitahayas se cultivaban en huertas, pero los pájaros llevaron sus semillas a zonas silvestres y ahora pueden encontrarse en muchos parajes secos.

Macadamia
(Macadamia tetraphylla)
Aunque las nueces de macadamia se cultivan en países cálidos de todo el mundo, son una especie en peligro de extinción en su Australia natal.

Pata de canguro
(Anigozanthos manglesii)
Cuando están completamente abiertas, las flores de pata de canguro tienen exactamente el mismo aspecto que la pata delantera y los dedos de un canguro.

Banksia paraguas
(Banksia ericifolia)
Las flores de banksia paraguas producen tanto néctar que antiguamente lo consumían los humanos.

Árbol de hierba *(Xanthorrhoea semiplana)*
Los aborígenes utilizaban el tallo florido de esta planta como mango para sus lanzas. En el extremo se fijaba una afilada punta de lanza de madera.

Mar de Tasmania **Nueva Zelanda** **Océano Pacífico sur**

Kowhai de hojas grandes
(Sophora tetraptera)
Los helechos arbóreos comparten su hábitat con plantas con flores como el kowhai.

Árbol rata del sur
(Metrosideros umbellata)
La apreciada miel de rata procede de este árbol de Nueva Zelanda rico en néctar y que solo florece cada dos años.

Helecho plateado
(Alsophila dealbata)
Las frondas del helecho plateado son verdes en el haz (por arriba) y blanco plateado en el envés (por la parte inferior).

Poroporo
(Solanum aviculare)
Los poroporo maduros son anaranjados y muy sabrosos, pero la fruta que no está madura es verde y venenosa.

Eufrasia cuneata
(Euphrasia cuneata)
Antiguamente, el agua con flores de eufrasia se utilizaba para tratar las molestias oculares.

Esporas de helecho
Cada espora es una sola célula. Se forman en «soros», pequeñas estructuras marrones, en el envés de las frondas, que dispersa el viento.

Arte natural

Los brotes de helecho son un importante símbolo en el arte maorí. La forma espiral se llama *koru* y aparece de muchas maneras en toda Nueva Zelanda.

Helecho arbóreo de Smith *(Cyathea smithii)*

Estos helechos necesitan mucha humedad. La luz solar directa o incluso los vientos fuertes secan la planta y pueden acabar matándola.

Todos enroscados

Las frondas nuevas de helecho se van desenrollando a partir de una espiral enroscada.

Helecho de sombrilla *(Sticherus cunninghamii)*

Las frondas de este helecho, que caen en forma de sombrilla, le dan el nombre a la planta.

NUEVA ZELANDA: HELECHOS ARBÓREOS

Los helechos arbóreos, pese a tener un tallo central parecido a un tronco, no son árboles. Aparecieron por primera vez hace unos 300 millones de años y fueron el alimento de dinosaurios herbívoros como el diplodocus. Hoy en día, existen más de 12 000 especies vivas de estos helechos, y crecen mejor en lugares húmedos y frescos.

Los helechos tienen unas hojas grandes que forman un denso dosel en el sotobosque de Nueva Zelanda. Estas hojas, llamadas «frondas», parecen plumas y están divididas en láminas que crecen a partir del eje central. Los tallos maduros pueden ser ecosistemas en sí mismos: en ellos viven musgos, líquenes y otras plantas pequeñas.

Duros y resistentes, los helechos suelen ser los primeros en rebrotar tras un incendio. Son plantas sin flor que no producen semillas, sino que se reproducen por esporas situadas en el envés de las frondas. Los combustibles fósiles que usamos, como el petróleo y el carbón, se formaron con los restos comprimidos de antiguos bosques de helechos.

Lengua de sabueso *(Zealandia pustulata)*

Los helechos lengua de sabueso se cultivan como plantas de interior en todo el mundo.

Dedos del diablo *(Clathrus archeri)*

Este hongo parece una mano muerta que sale de la tierra y su olor es verdaderamente desagradable.

OCÉANO PACÍFICO

El océano Pacífico es gigantesco: cubre casi un tercio de la superficie del planeta, un área mayor que toda la tierra emergida junta. En él, todo es extremo. Contiene la mitad del agua marina y es más profundo que cualquier otro océano; el fondo del interior de la fosa de las Marianas es el punto más bajo del planeta, a 10 984 m por debajo del nivel del mar. Diseminadas por sus aguas hay más de 25 000 islas, que se extienden desde los trópicos hasta las regiones polares.

Parte de la vegetación ha viajado entre las distintas islas, pero muchas especies permanecen aisladas por estar demasiado alejadas de otras islas como para alcanzar nuevos hábitats.

El océano Pacífico es el hogar originario del asombroso cocotero, probablemente el árbol más útil de todos. De hecho, en sánscrito se llama *kalpa vriksha*: «el árbol que provee todo lo que necesitamos en la vida».

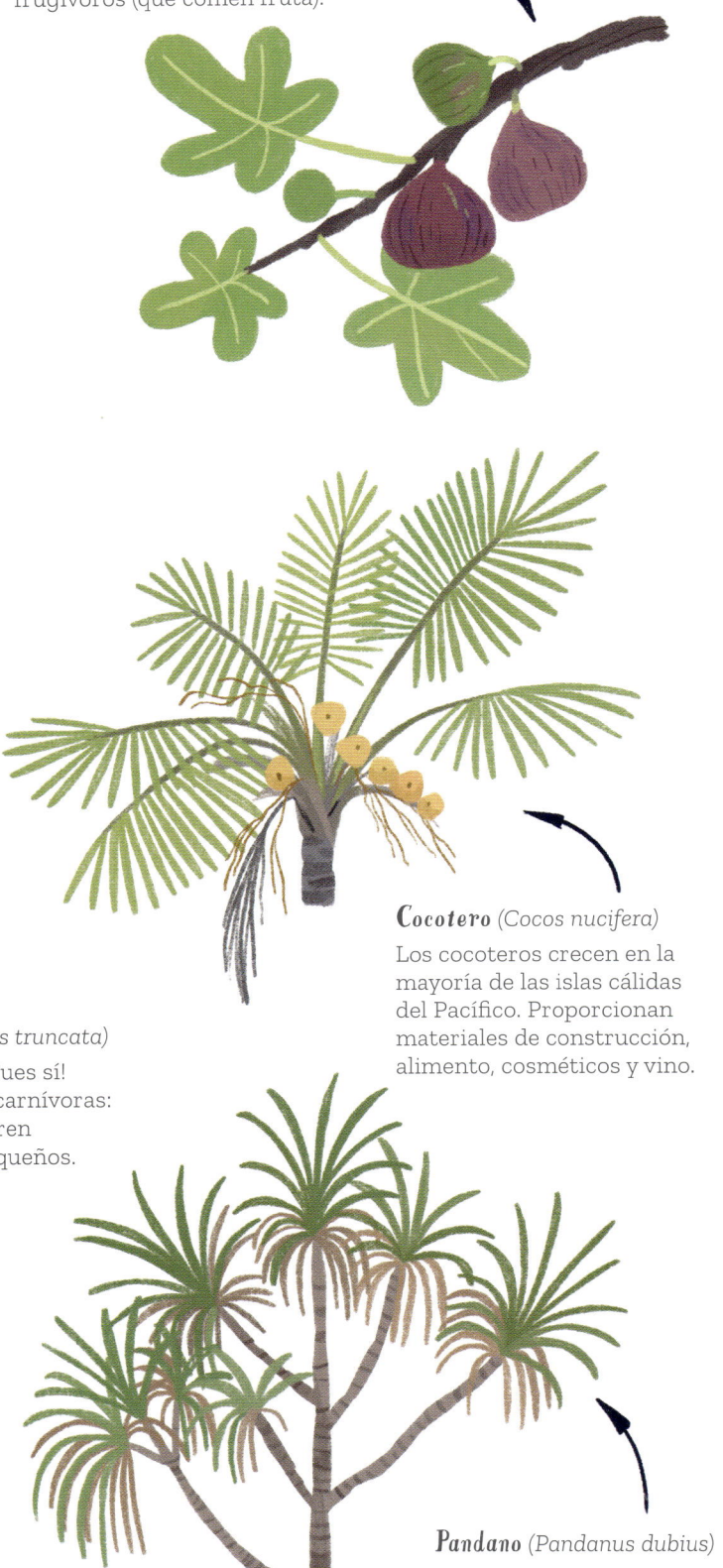

Higuera (*Ficus carica*)
Las semillas de higo suelen dispersarse con los excrementos de los murciélagos frugívoros (que comen fruta).

Cocotero (*Cocos nucifera*)
Los cocoteros crecen en la mayoría de las islas cálidas del Pacífico. Proporcionan materiales de construcción, alimento, cosméticos y vino.

Planta jarra (*Nepenthes truncata*)
¿Plantas carnívoras? ¡Pues sí! Las plantas jarras son carnívoras: atraen, atrapan y digieren insectos y animales pequeños.

Árbol del pan (*Artocarpus altilis*)
El fruto del árbol del pan sabe, efectivamente, a pan y es un importante alimento para los habitantes del Pacífico. Cada árbol puede producir 200 kg de fruta al año.

Pandano (*Pandanus dubius*)
El pandano tiene hojas duras y resistentes que pueden tejerse para hacer esteras. Sus semillas saben a coco.

Pino de Cook (*Araucaria columnaris*)

Dondequiera que crezcan, los pinos de Cook siempre se inclinan hacia el ecuador.

Oveja vegetal (*Raoulia eximia*)

Esta planta perenne, densa y almohadillada tiene hojas suaves y algodonosas. Crece pegada al suelo en terrenos elevados y, desde lejos, ¡parece una oveja!

Asia

Océano Pacífico

América

Australia

Eucalipto arco iris
(*Eucalyptus deglupta*)

Debe su nombre a que tiene una corteza multicolor.

Raflesia (*Rafflesia arnoldii*)

La raflesia es la flor más grande de todas, con hasta 120 cm de ancho.

Hongo estrella
(*Aseroe rubra*)

Este hongo desprende un olor a carne podrida para atraer a las moscas, que se encargan de distribuir sus esporas.

Flor de jade (*Strongylodon macrobotrys*)

Al anochecer, los murciélagos sobrevuelan las enredaderas de esta planta y la polinizan. Solo se encuentra en Filipinas.

115

ÁRTICO

El Ártico es un mar helado; un hábitat hermoso pero difícil. La nieve espesa, los fuertes vientos y las temperaturas extremadamente bajas hacen que solo las plantas bien adaptadas a estas duras condiciones puedan prosperar. El permafrost mantiene gran parte del suelo congelado todo el año, por lo que la vegetación ártica suele tener raíces muy superficiales que se extienden lateralmente para anclarse, en lugar de crecer directamente hacia abajo.

Para aprovechar mejor la luz solar, muchas especies tienen las hojas de color verde oscuro, que absorben más luz. Durante el corto verano, las zonas al norte del círculo polar ártico y al sur del círculo polar antártico experimentan el «sol de medianoche»: 24 horas de luz al día. En invierno, en cambio, el sol no sale nunca: es la «noche polar».

Algunas plantas se reproducen rápidamente y mueren cuando vuelve el invierno. Otras se toman la vida con más tranquilidad, creciendo solo unos milímetros cada año. Hay plantas en cojín con solo 15 cm de ancho, pero que pueden llegar a vivir 250 años.

Lupino ártico
(Lupinus arcticus)
Se han encontrado semillas de lupino ártico de 10 000 años de antigüedad congeladas en una madriguera de lemming. Una vez descongeladas, empezaron a germinar.

Saxifraga púrpura *(Saxifraga oppositifolia)*
Crece como un cojín: forma montículos compactos y de bajo crecimiento que la mantienen a salvo de los fuertes vientos.

Ranúnculo pigmeo *(Ranunculus pygmaeus)*

Las flores árticas crecen poco para protegerse de vientos que soplan a 80 km/h y que podrían arrancarlas o romper sus tallos. El ranúnculo pigmeo solo mide 2,5 cm de alto.

Sauce ártico *(Salix arctica)*

Estos sauces producen un pesticida natural que mantiene alejadas a las orugas de la polilla del oso lanudo del Ártico *(Gynaephora groenlandica)*, que los devorarían en verano.

Campanilla ártica *(Cassiope tetragona)*

En latitudes elevadas, es difícil encontrar árboles para obtener leña. Tradicionalmente, los tallos leñosos de la campanilla ártica se usaban como combustible.

Driada de ocho pétalos *(Dryas octopetala)*

Las driadas de ocho pétalos son plantas rastreras: no crecen en altura, sino que se extienden pegadas al suelo.

Té de Labrador *(Rhododendron groenlandicum)*

Las plantas de té de Labrador se utilizaban antiguamente como condimento para la carne.

ANTÁRTIDA

La Antártida es el continente más frío, seco y menos habitado de todos. También es el hábitat más difícil para la supervivencia de plantas y animales. Hay poco suelo y la tierra está enterrada bajo una enorme capa de hielo.

Pocas especies viven en el continente antártico; se pueden encontrar más en las islas subantárticas cercanas. Pero las plantas son adaptables y, cuando no pueden sobrevivir en tierra, las masas de agua les ofrecen una alternativa. Los océanos contienen fitoplancton: cientos de miles de millones de plantas microscópicas flotantes, de innumerables especies, que se desplazan a la deriva por el océano Antártico utilizando la luz solar para hacer la fotosíntesis y liberar oxígeno. Aproximadamente el 75 % del oxígeno de la Tierra, un gas que necesitan todos los seres vivos, lo producen estas diminutas plantas. El fitoplancton es el grupo de especies más pequeñas e importantes de este libro. Sin él, la vida tal como la conocemos no sería posible en la Tierra.

Pruebas fósiles

La superficie de la Antártida fue en su día una selva tropical; lo sabemos porque bajo la nieve se han encontrado fósiles de antiguos helechos arborescentes.

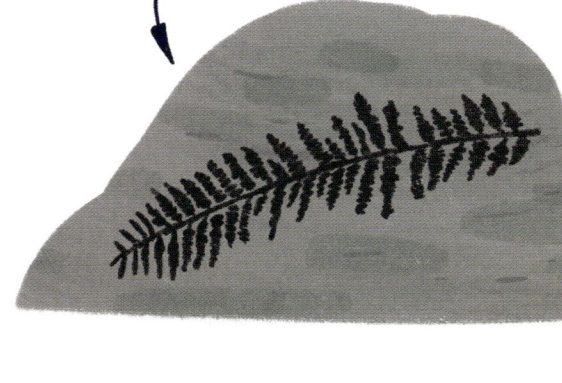

Perla antártica

(Colobanthus quitensis)

La perla antártica es una de las dos únicas plantas con flor que sobreviven en la masa continental antártica. Crece cerca de la costa, donde, en verano, a veces se derrite la nieve.

Liquen lecanora

(Lecanora conizaeoides)

Estos líquenes se adhieren tan fuertemente a las rocas en las que crecen que no se pueden desprender.

Fitoplancton: fuente de vida

Gran parte del oxígeno que respiramos lo producen estas diminutas plantas marinas mientras viajan a la deriva por el Antártico.

Pasto antártico
(Deschampsia antarctica)

Es la planta con flor que crece más al sur del planeta.

Acerico de montaña
(Dicranoweisia crispula)

Este musgo crece tanto en el Ártico como en la Antártida.

Ratón de los glaciares

Del tamaño de una pelota de tenis, los misteriosos ratones de los glaciares son pequeñas colonias de musgo que se desplazan lentamente por el hielo en manadas. Se sabe muy poco sobre cómo o por qué se mueven.

Musgo antártico
(Schistidium antarctica)

Este musgo crece formando macizos blandos, de color verde amarillento y aspecto globular, que pueden cubrir grandes extensiones de roca.

PLANTAS AMENAZADAS

La extinción es un proceso natural. Nuevas especies evolucionan y otras desaparecen, pero las amenazas al reino vegetal se producen en la actualidad a un ritmo diferente. Se calcula que alrededor del 40 % de todas las especies están en peligro de extinción. Estamos cambiando el planeta tan rápidamente que los ecosistemas y las especies no tienen tiempo de reaccionar y adaptarse.

La destrucción de hábitats y la contaminación ponen en peligro la vida vegetal en todo el planeta. Cuando se drenan las turberas, se contaminan los océanos o se talan bosques milenarios, ya no se pueden reemplazar: los ecosistemas de los que forman parte se han destruido. Esto daña la vida sobre la tierra, bajo el agua y también dentro del suelo, donde las raíces de las plantas intercambian nutrientes e información unas con otras.

DEFORESTACIÓN

Dentro de 100 años puede que no queden selvas tropicales: los bosques se talan para ampliar las tierras de cultivo, pastoreo y obtención de madera.

DEGRADACIÓN DE HÁBITATS

La erosión y la contaminación del suelo están acabando con ecosistemas de gran riqueza y biodiversidad.

ESPECIES INVASORAS

Cuando las plantas se trasladan de un hábitat a otro, pueden expulsar a la vegetación autóctona o cruzarse con algunas especies y extenderse excesivamente.

CONTAMINACIÓN

La contaminación daña los ecosistemas frágiles y los hábitats vegetales.

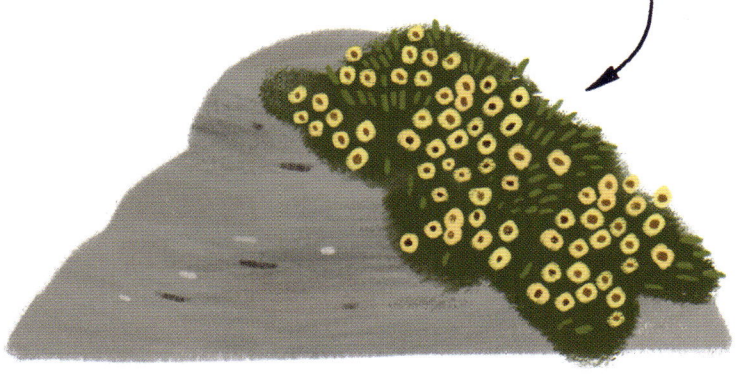

SOBREEXPLOTACIÓN

Los productos de la tierra, el agua y el bosque se sustraen mucho más rápido que su capacidad para reproducirse.

CAMBIO CLIMÁTICO: LA MAYOR AMENAZA

La vida en la Tierra sería imposible sin el sol, que proporciona el calor y la luz que permite vivir a plantas y animales. Pero todos los seres vivos necesitan una zona habitable, un entorno que no sea demasiado caliente ni demasiado frío, sino justo el adecuado.

Los humanos producimos un exceso de gases de efecto invernadero, como el dióxido de carbono y el metano. Estos gases forman una capa en la atmósfera que actúa como una manta e impide que se escape el calor: por esto se calienta el planeta. El aumento de las temperaturas derrite el hielo polar, cambia el clima y altera la mayoría de los hábitats, amenazando la supervivencia de toda forma de vida tal y como la conocemos.

LAS PLANTAS Y LOS SERES HUMANOS

Las plantas sustentan la vida. Alimentan poblaciones con cereales, frutas y verduras. Proporcionan medicinas, ropa, combustible y materiales de construcción. Y, lo que es más importante, aportan el oxígeno vital.

AGRICULTURA

Los pueblos más antiguos eran nómadas y recolectaban alimentos del medio natural. La agricultura surgió en el Creciente Fértil, una región de Oriente Próximo, hace unos 12 000 años. Los humanos aprendieron allí a sembrar, cosechar y almacenar los cultivos, así como, también, a domesticar animales. Con el tiempo, empezaron a seleccionar las variedades de plantas que producían mayor rendimiento y resistían mejor a las enfermedades, y la agricultura se fue haciendo más intensiva. En la actualidad, la mitad de la población mundial depende del arroz, el maíz y el trigo, y se estima que 15 especies de plantas proporcionan el 90 % de todas las calorías. También dependemos de las plantas para alimentar al ganado.

EL COFRE DEL TESORO

Los seres humanos no podríamos vivir sin plantas. Más de 50 000 especies nos proporcionan medicinas. Los árboles nos proveen de madera para edificios y muebles, y nos dan papel. Con el algodón, el cáñamo y el bambú obtenemos tejidos para la ropa. Las plantas pueden transformarse en biocombustibles y cosméticos, y con ellas también se hacen aceites.

ESPECIERO DE LA NATURALEZA

Las plantas aromáticas y las especias ayudan a conservar los alimentos y les aportan sabor.

BIENESTAR

Pasar tiempo en espacios verdes mejora la concentración y reduce el estrés. En Japón, a esto se le llama *shinrin-yoku* o «baño de bosque». Tanto si paseamos por un parque urbano como si nos adentramos en un bosque, el tiempo que pasamos rodeados de vegetación es curativo. Lo mismo puede decirse de jardines, macetas y plantas de interior, que también aportan beneficios a la mente y el cuerpo.

INVERSIÓN DE FUTURO

Para ayudar a mantener la biodiversidad vegetal, científicos de todo el mundo han creado bancos de semillas: una de las formas de proteger la vida vegetal para las generaciones futuras. El que contiene mayor variedad es el Banco Mundial de Semillas de Svalbard, construido en una montaña helada de Noruega en 2008 y que, en la actualidad, contiene alrededor de un millón de semillas.

PLANTAS AL RESCATE

Las plantas nos ayudan en la lucha contra el calentamiento global. Los bosques terrestres y marinos contribuyen a almacenar carbono y frenan el cambio climático. Además de proteger la tierra, el agua y el aire, deberíamos ser capaces de encontrar soluciones agrícolas sostenibles de cultivos para erradicar el hambre y satisfacer las necesidades energéticas mundiales.

CÓMO AYUDAR A LAS PLANTAS Y AL PLANETA

La vida vegetal es esencial para nuestro mundo y se enfrenta a muchas amenazas. La pérdida de hábitats, la deforestación, el pastoreo excesivo, la contaminación del agua y el cambio climático son los actuales desafíos, ¡y tú puedes ayudar!

CONEXIÓN CON OTROS

Busca organizaciones de conservación o centros de rescate que trabajen en tu zona y participa en tareas de voluntariado.

Utiliza las redes sociales para compartir todo lo que te importa. Hay excelentes jóvenes ecologistas activos en Internet.

¡APRENDE SIEMPRE!

Cuanto más sepamos sobre el mundo natural, mejor podremos cuidarlo.

- ¡Ten curiosidad! Lee, observa, escucha y aprende sobre las plantas y sus hábitats.
- Conoce los mares y océanos, y la enorme variedad de vida que contienen.
- Infórmate sobre las amenazas a las que nos enfrentamos nosotros y el planeta, y sobre cómo ayudar.
- Comparte lo que estás aprendiendo con tu familia y tus amigos.

CULTIVA

¡Anímate a cultivar algo! Aunque solo dispongas de un espacio tan reducido como el alféizar de una ventana, puedes experimentar y plantar tus propios alimentos: hierbas aromáticas, berros, rábanos o brotes de guisantes son todas opciones deliciosas.

LOS GRANDES ROBLES CRECEN A PARTIR DE PEQUEÑAS BELLOTAS

Recuerda: ¡ninguna acción es demasiado pequeña! Si cada uno de nosotros da pequeños pasos para proteger el planeta, juntos podemos llegar lejos.

CUANDO HAGAS SENDERISMO:

- Permanece en los caminos para proteger las plantas jóvenes y no pisotearlas.

- No enciendas fuego.

- Si te encuentras una cancela, déjala abierta o cerrada, según la hayas encontrado, y respeta las señales y la legislación.

CONECTA CON LA NATURALEZA TODOS LOS DÍAS

- Pasa todo el tiempo que puedas en el exterior, explorando. No solo bajo el sol, sino, también, bajo la lluvia y el viento.

- Fotografía plantas y lugares silvestres que te gusten; dibuja o escribe sobre ellos.

- Haz una colección con los hallazgos que te encuentres durante tus paseos; semillas, hojas y trozos de corteza curiosos, por ejemplo. Fotografía tus descubrimientos y compártelos con tus amigos.

- Haz un diario de la naturaleza.

AYUDA A SALVAR LOS ÁRBOLES

- No malgastes papel.

- Toma prestados, comparte y dona libros.

- ¡Planta un árbol si puedes!

REUTILIZA, RECICLA E INTENTA NO DESPERDICIAR NADA

Los cambios en el clima son peligrosos para el planeta. Todos podemos contribuir a detener el calentamiento global:

- Apaga las luces cuando no las uses.

- Intenta no comprar cosas que no necesites.

- ¡Aparca el coche! Si puedes ir andando o en bici al colegio o a ver a un amigo de forma segura, ¡hazlo!

- Procura no dejar los grifos abiertos.

- Piensa en lo que comes y trata de hacer elecciones sostenibles desde el punto de vista medioambiental. Come más verduras, frutas y legumbres de producción local.

- Evita los plásticos de un solo uso.

GLOSARIO

Agricultura   Cultivo de plantas para uso humano.

Agua dulce   Ríos o lagos con baja concentración de sales.

Agua salada   Agua con gran cantidad de sales, como la de mares y océanos.

Alga   Organismo con aspecto de planta que suele vivir en el agua.

Árbol   Planta alta y leñosa con tronco y ramas.

Arbusto   Planta leñosa con múltiples tallos.

Biodiversidad   Variedad de especies que viven en una determinada zona.

Bioma   Región con un clima y comunidades de plantas y animales similares.

Bosque húmedo   Bosque que recibe más de 2000 mm de lluvia al año.

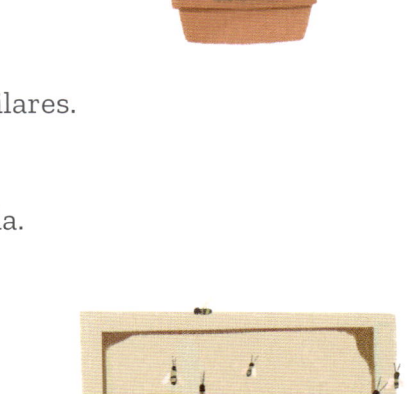

Bonsái   Árbol o arbusto que se mantiene en miniatura mediante la poda.

Bráctea   Tipo de hoja, a veces de tonos brillantes para atraer a los polinizadores.

Bulbo   Parte subterránea de algunas plantas, parecida a una cebolla, que almacena nutrientes durante su periodo de latencia.

Caducifolia   Planta que pierde las hojas cada año.

Clonación   Reproducción asexual de las plantas.

Clorofila   Pigmento verde utilizado por las células vegetales para obtener energía del sol.

Conífera   Árbol o arbusto perenne con agujas en lugar de hojas.

Corteza   Capa externa de raíces, troncos y ramas de árboles y arbustos.

Cosecha   Proceso de recolección de lo que se ha sembrado o plantado cuando está maduro.

Desierto   Lugar donde llueve menos de 250 mm al año.

Dispersión   Transporte de semillas desde la planta madre a otro lugar.

Ecosistema   Comunidad de animales y plantas, sus relaciones y el lugar donde viven.

Epifita   Planta que crece sobre otra planta sin alimentarse a expensas de ella.

Espora   Estructura reproductora diminuta que se encuentra en plantas sin flores, como los helechos.

Fertilización   Combinación de una célula sexual masculina y un óvulo femenino.

Fitoplancton   Plantas marinas microscópicas que producen oxígeno.

Flor   Estructura reproductora de algunas plantas. Dentro de sus pétalos están las partes que producen el polen y las semillas.

Fotosíntesis	Proceso por el cual una planta verde utiliza la energía del sol, el agua del suelo y el dióxido de carbono del aire para obtener alimento.
Ganadería	Cría de animales para uso humano.
Germinación	Proceso por el que las semillas empiezan a desarrollarse.
Herbácea	Planta sin tallos leñosos que muere tras la fructificación.
Hongo	Microorganismo que vive junto a las plantas, pero que está más estrechamente relacionado con los animales.
Letargo	Estado inactivo en el que las plantas permanecen vivas pero no crecen.
Liquen	Organismo formado por la simbiosis de hongos y algas.
Micelio	Parte filiforme de un hongo, generalmente subterránea o dentro de otro material.
Néctar	Fluido azucarado que producen las plantas para atraer a los polinizadores.
Nutrientes	Minerales utilizados por una planta que permiten su crecimiento.
Perenne	Planta que conserva las hojas todo el año.
Pétalo	Parte de la flor de colores vivos que atrae a los polinizadores.
Planta	Organismo vivo que produce su propio alimento por fotosíntesis.
Polen	Granos diminutos que contienen células reproductoras masculinas.
Polinización	Transferencia de los granos de polen masculino a las partes femeninas de una flor. Esto fecunda los óvulos y produce la semilla.
Polinizador	Animal que traslada el polen de una flor a otra.
Savia	Líquido que transportan los tejidos conductores de las plantas.
Semilla	Estructura reproductora que contiene el embrión de la planta, nutrientes y una cubierta.
Suculenta	Planta que almacena agua en hojas o tallos engrosados, como los cactus.
Trepadora	Planta que trepa o se arrastra por el suelo y se sostiene mediante zarcillos o enroscándose a través de otras estructuras.
Tubérculo	Tallo grueso o raíz subterránea que algunas plantas utilizan para almacenar nutrientes.

ÍNDICE ALFABÉTICO DE CONTENIDO